AF394957

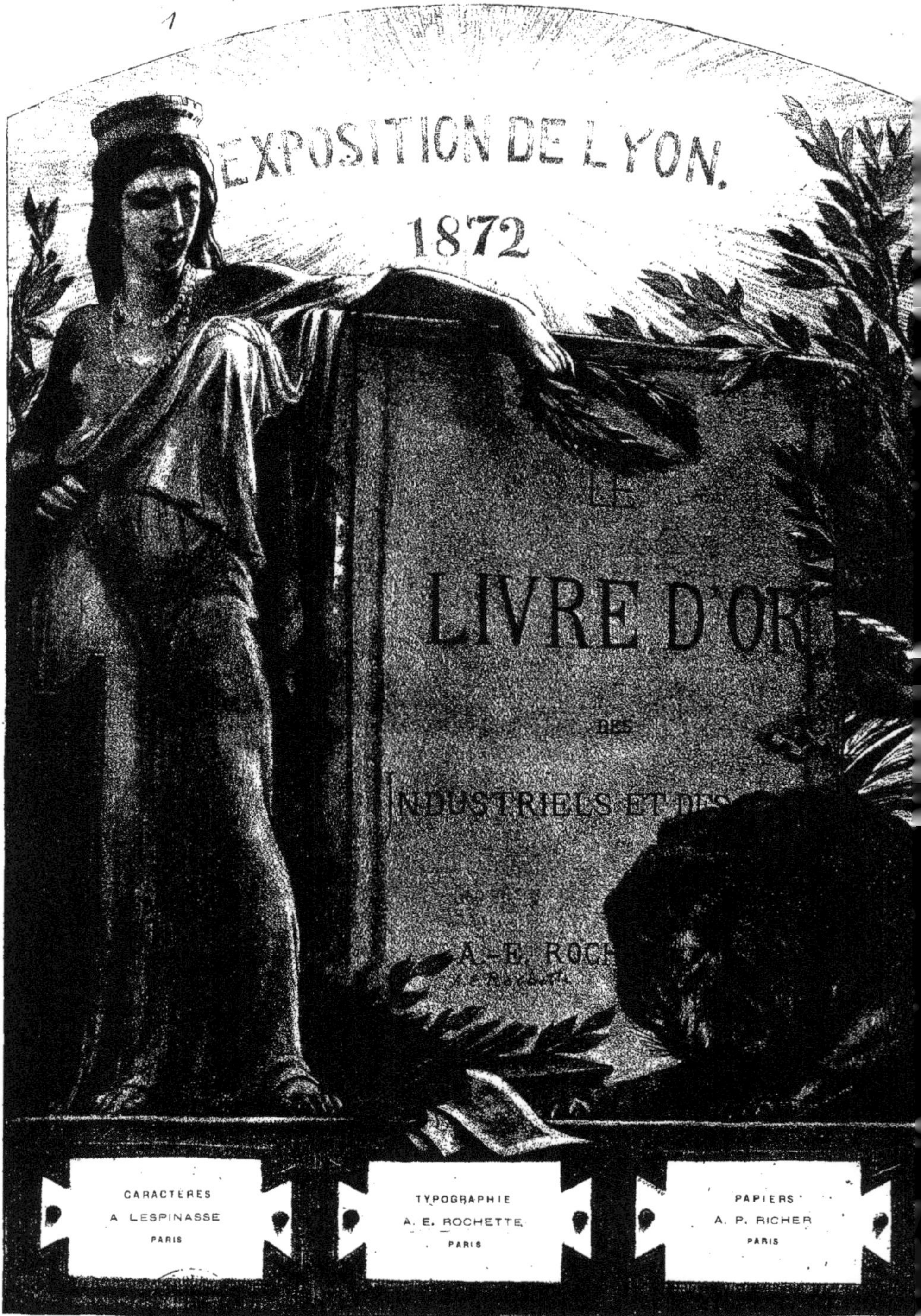
EXPOSITION DE LYON.
1872
LE
LIVRE D'OR
DES
INDUSTRIELS ET
A.-E. ROC
CARACTÈRES
A. LESPINASSE
PARIS
TYPOGRAPHIE
A. E. ROCHETTE
PARIS
PAPIERS
A. P. RICHER
PARIS

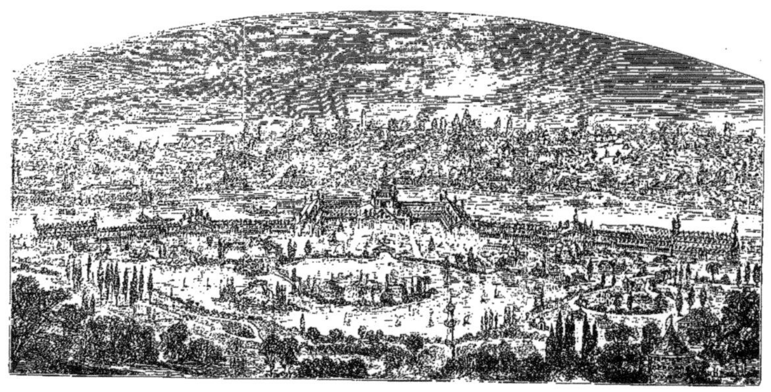

AVANT-PROPOS

'Exposition universelle et internationale de Lyon ne doit pas être, comme les Expositions passées, quelque importantes qu'elles aient été sous le rapport du nombre des industriels qui y ont pris part, de la richesse et de la beauté des produits qui y ont figuré, de la magnificence des constructions, de l'apparat dont elles ont été entourées, un feuillet détaché des grandes chroniques du travail, une simple étape dans la voie du progrès; elle est avant tout le premier acte de vitalité du pays après les cruelles épreuves qu'il vient de traverser; elle sera la revendication de l'intelligence sur la barbarie, la revanche de la force qui crée sur la force qui ne sait que détruire. Avec elle enfin doit s'ouvrir une ère nouvelle pour la France.

Cette nouvelle période, des esprits sérieux et confiants dans l'avenir de la patrie, l'ont déjà nommée LA RÉGÉNÉRATION.

Nous acceptons ce mot si plein de promesses, ce nom « heureux » qui, tout en rappelant celui que mérita de porter le siècle glorieux de François Ier, contient cependant une idée de supériorité facile à saisir.

Le XVIe siècle a vu la renaissance des lettres et des arts : c'était le réveil de l'esprit humain après les longues ténèbres du Moyen Age ; le XIXe aura été témoin d'un phénomène bien autrement remarquable par ses conséquences morales : la régénération complète du pays par l'intelligence, non plus cette intelligence, belle sans doute, mais stérile, qui va chercher au plus profond des sensations de l'homme la solution toujours discutable d'un problème hors de sa portée, mais celle qui, renfermant ses investigations dans le cercle étroit de la vie réelle, conclut de l'étude des rapports sociaux à la nécessité pour tous du travail, non comme une peine, châtiment d'une faute originelle dont la loi chrétienne n'a fait qu'emprunter la tradition aux rigueurs du mosaïsme, mais comme un attribut, et l'un des plus nobles, de la race humaine, qui seule, de toutes les espèces qui peuplent la terre, est capable d'un travail perfectible.

La Renaissance qui remit en lumière les chefs-d'œuvre des civilisations passées, a du reste, il faut le reconnaître, admirablement préparé la Régénération dont les philosophes du XVIIIe siècle furent les précurseurs, car rien n'est mieux fait pour nous donner une haute idée de notre destinée, que l'étude du beau sous toutes ses formes.

La Renaissance a donc travaillé surtout à la gloire de l'homme ; la Régénération aura, espérons-le du moins, fondé son bonheur.

Sans doute, ce n'est pas en dix ans, en vingt ans qu'un pareil résultat peut être atteint ; un siècle ou deux y suffiront peut-être à peine ; mais, de même que le voyageur compte de l'heure du départ la durée de sa route, la France régénérée, datera sa nouvelle ère du jour où le mot « Régénération » a été prononcé. Il le fut au lendemain des revers dont tous nos cœurs saignent encore, et qui ne s'effaceront de notre mémoire que le jour où nous n'aurons plus besoin de cet aiguillon pour persévérer dans la route où nous nous engageons enfin, après avoir été si cruellement châtiés de nous être endormis au son de la vaine gloire, au sein des prospérités mensongères.

L'Exposition de Lyon marquera la première étape parcourue dans cette voie, disons-le sans crainte d'être taxé d'exagération, puisque au besoin nous pourrions invoquer le Programme récent de la Direction qui pose nettement la question de patriotisme, et le témoignage des deux mille exposants qui ont répondu à cet appel. Quand bien même, au reste, ces preuves matérielles nous feraient défaut, les circonstances elles-mêmes ne nous viennent-elles pas en aide ? Il est dans l'ordre des choses, en effet, qu'un acte aussi important dans la vie d'un peuple, que le sont aujourd'hui ces Expositions internationales où la lutte est bien autrement décisive que sur les champs de bataille, ressente le contre-coup des impressions, des préoccupations de ce peuple ? C'est ce qui se produit déjà pour l'Exposition lyonnaise qui voit chaque jour augmenter le nombre de ses adhérents, et ce qui fait que, repoussant les étroites limites d'un concours industriel, cette Exposition prend rang, dès aujourd'hui, parmi les plus imposantes manifestations de l'activité, de l'énergie et de l'intelligence de la France.

Dans ces conditions, on comprend de quel intérêt sera le Recueil que nous publions sous le titre de : *Livre d'Or de l'Exposition de Lyon.*

C'était la plus haute distinction qu'ambitionnassent les familles nobles de Venise que d'être inscrites au Livre d'Or de la République.

Ce n'est pas à la noblesse du nom, mais à celle du mérite, que s'ouvriront les pages de notre *Livre d'Or ;* aussi y verra-t-on figurer les hommes éminents qui ont prêté leur appui à l'Œuvre naissante ou coopéré à sa réalisation, les savants et les artistes qui sont la gloire d'un pays, les grands industriels qui en fondent la richesse ; enfin les Exposants les plus méritants. Les uns y paraîtront avec leurs actes, les autres avec leurs œuvres ; à ceux-ci, la description et la représentation des objets d'art et d'industrie, des usines et des manufactures ; à ceux-là des notices biographiques et des portraits au burin.

Ce que nous nous proposons avant toutes choses, c'est de faire une œuvre vraiment digne de ce nom, qui puisse rester comme un précieux souvenir de cette Exposition de Lyon qui s'annonce comme le réveil du pays ; un Recueil que l'historien consultera un jour avec fruit, pour y retrouver les noms de ceux qui, dans ce magnifique concours où la France, au lendemain d'une lutte sans exemple et encore épuisée de ses revers, ne craint pas de défier les nations étrangères, auront le plus contribué par leur appui ou leur intelligence à lui assurer la victoire ; un ouvrage que le savant aimera à lire ; un Album dans lequel l'artiste pourra trouver des modèles de bon goût et d'élégance ; un livre enfin que l'amateur sera fier de compter parmi les plus beaux volumes de sa bibliothèque.

L'EXPOSITION DE LYON

'Est à la Ville de Lyon qui, par le chiffre de sa population et l'importance de ses manufactures et de son commerce, peut prétendre à marcher de pair avec les capitales d'empires et de royaumes, qu'il appartenait de donner en France le signal des revendications provinciales, en organisant chez elle, avec les seules ressources de ses citoyens, une de ces Expositions universelles et internationales dont, seules, les métropoles des grands États avaient eu jusqu'à ce jour le privilége et semblaient devoir conserver le monopole.

Telle était, en 1869, l'unique raison qui détermina les promoteurs du projet, et on conçoit aisément, en se reportant à cette époque, combien furent laborieux les premiers pas d'une entreprise qui, loin de cacher ses tendances décentralisatrices, affectait au contraire de se tenir en dehors de tout patronage gouvernemental, et de ne demander ses moyens d'exécution, ses chances de réussite, qu'à l'initiative privée seule, cette force au berceau, dont un pouvoir, à bout d'expédients, cherchait par tous les moyens à comprimer l'essor, mais qui depuis, comme Hercule, a déchiré ses langes et est devenue une puissance.

Après diverses tentatives infructueuses, les promoteurs firent appel à l'un des hommes qui avaient fait le mieux leurs preuves dans les Expositions les plus récentes; M. Tharel, alors secrétaire de la Commission française à l'Exposition d'Altona, se rendit à Lyon, et acceptant la direction de l'entreprise, renouvela les démarches pour obtenir les autorisations et les concessions nécessaires à la mise en œuvre.

Dès lors, malgré l'indifférence du plus grand nombre, — qui ne connaît la tyrannie des habitudes invétérées, et nous avions tous plus ou moins alors lieu de tout attendre des hommes et des choses du Gouvernement, — malgré les préventions de quelques-uns, préventions reconnues depuis mal fondées, mais qui paraissaient se justifier alors par la possibilité d'un échec dont la réputation sans tache de Lyon eût eu à souffrir; enfin, malgré le mauvais vouloir de plusieurs, qui regrettent assurément à cette heure les embarras qu'ils ont causés, l'idée fit promptement son chemin dans l'opinion qui, depuis lors, n'a cessé de lui prêter son appui.

La preuve de cette prompte adhésion de l'opinion à l'œuvre nouvelle ressort de ce fait significatif que nous trouvons relaté dans la Lettre sur l'Exposition universelle de Lyon, de M. Tharel.

Lorsque les promoteurs s'adressèrent à la Ville pour obtenir les concessions nécessaires à la fondation de la Société qui prenait l'entreprise sous son patronage, près de 30,000 signatures vinrent, en moins de huit jours, appuyer spontanément cette demande, de l'énergique expression de leurs vœux.

Le Conseil municipal, après avoir mûrement pesé les chances de réussite d'un côté, les aléas du profit, de l'autre, — du profit pour la Ville, cela va sans dire, — concéda gratuitement les terrains nécessaires pour l'établissement de l'Exposition dans le parc de la Tête-d'Or, l'un des plus vastes et des plus pittoresques que possèdent nos villes de France.

Dès lors, l'entreprise était fondée : La Société anonyme, qui la patronne, se constituait quelques jours après, et pour bien prouver que ses membres n'avaient eu en vue aucune opération commerciale, elle émettait dans ses statuts la condition que la moitié des bénéfices réalisés seraient employés à la fondation d'une *Caisse des Invalides du travail à Lyon.*

Ainsi, dès ses premiers pas, l'initiative privée enfantait une œuvre humanitaire, comme pour prouver qu'elle est bien le plus puissant levier de la régénération.

Le rôle de la presse dans les débuts de l'Exposition lyonnaise est à signaler. Dès le principe, les journaux de Lyon s'étaient emparés de l'idée nouvelle; ils mirent au service de sa cause tant de zèle, et souvent tant de talent, que c'est en grande partie à eux que l'entreprise est redevable de l'accueil favorable qu'elle a rencontré partout dans l'opinion.

Les journaux des villes environnantes suivirent le mouvement et décidèrent, de leur côté, de nombreuses adhésions parmi leurs lecteurs.

De proche en proche, la grande nouvelle gagna Paris, les départements du Nord et de l'Est, et l'étranger, et partout l'Exposition de Lyon reçut de la presse le salut de la bienvenue.

Puisque nous faisons l'historique de l'Exposition, nous ne pouvons passer sous silence cette fête sans précédents, à laquelle M. Tharel, récemment nommé Directeur, convia la presse; toutefois, nous ne prétendons nullement en raconter les incidents qu'on trouvera relatés en détail dans les journaux d'alors; la seule chose qu'il nous importe de constater, c'est que cinquante-quatre représentants de la presse parisienne, anglaise, russe et américaine, répondirent à cette invitation, et firent le voyage de Lyon pour *voir l'emplacement où s'élèveraient les bâtiments* de l'Exposition; car c'est à peine si le gros œuvre de la galerie des machines était achevé à cette époque; il ne s'agissait donc pas d'une inauguration, mais seulement d'un simple encouragement à donner à une tentative imposante de décentralisation.

Cependant, de tous côtés les adhésions arrivaient; en même temps s'organisaient les Comités de Paris, de Bruxelles, de Londres et de Florence, etc.

Le *Bulletin officiel* de l'Exposition était fondé à Paris, et publiait, dans son premier numéro, à la date du 10 juillet : le règlement de l'Exposition, ainsi que la liste du Comité belge, en tête duquel figurent, comme président honoraire, M. J. ANSPACH, l'honorable bourgmestre de Bruxelles, et comme commissaires délégués, M. J. CLERFEYT et M. TESSON fils; puis dans son deuxième numéro, la liste des Comités du Gard, de Genève, de Rome et de Roubaix, et enfin la lettre d'adhésion du maréchal MAC-MAHON, duc de Magenta, Gouverneur de l'Algérie, qui eut tant de retentissement.

Cette lettre est l'événement capital du mois de juillet 1870; l'adhésion du maréchal Mac-Mahon, l'homme éminent qui, dans l'administration d'une province aussi importante que l'Algérie, n'avait jamais dévié des principes de justice et de loyauté qui n'ont cessé de diriger toutes ses actions et lui ont mérité le respect de tous les partis, cette adhésion, disons-nous, acheva de fonder le crédit moral de l'entreprise. La situation d'ailleurs était des plus florissantes : l'actif de la société dépassait déjà les prévisions des promoteurs et les ressources augmentaient chaque jour. En outre, les constructions s'élevaient comme par enchantement.

Personne ne doutait donc que l'Exposition ne s'ouvrît le 1er mai 1871, ainsi qu'on l'avait annoncé dès le principe, lorsque se leva le 19 juillet, date fatale pour la France qui n'oubliera jamais dans quel abîme elle fut entraînée ce jour-là !

La guerre suspendit naturellement les travaux de l'Exposition ; mais ce fut après le 4 septembre surtout qu'on reconnut combien le Comité organisateur avait été bien inspiré en repoussant tout patronage officiel ; évidemment si l'Exposition de Lyon eût été fondée sous les auspices du gouvernement impérial, elle eût partagé la réprobation qui, sur tous les points de la France, mais à Lyon peut-être plus que partout ailleurs, accueillit la chute de l'Empire.

OEuvre de l'initiative privée, l'Exposition ne pouvait périr que si les calamités de la guerre se fussent étendues jusque sur Lyon. Par bonheur, et grâce au courage des mobiles de Lyon à Belfort, à la valeur des légions du Rhône et des volontaires, qui défendirent pied à pied la Bourgogne, Lyon n'eut pas, comme Paris, de bombardement à supporter.

Cependant la Direction attendait dans le *statu quo* l'heure où, comme le dit si bien M. Tharel, dans la Lettre que nous avons déjà citée, « le patriotisme rentrerait avec ardeur dans la voie du travail fécond qui panse toutes les plaies et prépare toutes les revanches. »

Cette heure sonna enfin, mais à la suite de malheurs tels que l'histoire en a rarement enregistrés.

La guerre, qui avait accumulé des ruines sur le tiers de la France et répandu des flots de sang, la guerre extorquait au pays une rançon si considérable, que le vaincu qui eût pu oublier les rigueurs, les excès même de la lutte, se souviendra toujours de la rapacité du vainqueur.

Mais la France a compris que les récriminations étaient indignes d'elle, et qu'elle a mieux à faire que de se consumer en regrets inutiles. Aussi de tous côtés quelle fièvre de travail, quelle ardeur à effacer jusqu'à la trace du passage de l'ennemi !

Il s'agit pour nous tous, en effet, de prouver qu'un pays aussi industrieux, aussi intelligent que la France, après une pareille ruine, est encore plus riche qu'un pays comme la Prusse, qui en est réduit à rançonner ses voisins pour remplir ses coffres-forts.

C'est la revanche du travail !

Les circonstances dictaient à la Direction de l'Exposition lyonnaise un nouveau programme ; la Direction n'y a point failli.

Sa *Lettre sur l'Exposition universelle et internationale de Lyon* fut un véritable appel au patriotisme éclairé de la nation.

« Il appartient à Lyon, disait-elle, de prendre la tête de ce mouvement de régénération, vers lequel tendent toutes les forces vives de la nation; de s'appliquer la première, dans les limites imposantes de son action et de son influence, à réorganiser en France, la paix, la fortune, la sécurité, le bien-être.

» Si l'Exposition n'existait pas, ce serait le moment de la créer, ajoutait-elle; les circonstances en ont fait une œuvre de patriotisme et d'honneur national. Son succès prochain montrera à l'Europe, qui nous regarde attentive, que dans un pays comme la France, le ressort est assez puissant, pour que, quelque lourd que soit le fardeau sous lequel il plie passagèrement, il se redresse bientôt de sa propre force. »

En conséquence, l'ouverture de l'Exposition fut remise au 1er mai 1872.

Il y a six mois à peine que cet appel a été lancé; il répondait si à propos à la pensée de tous, que de tous les côtés, les adhésions ont afflué de nouveau comme par le passé; les Français se sont fait inscrire par patriotisme, les étrangers, par sympathie pour la France.

Pendant ce temps-là, les travaux étaient repris avec ardeur.

Tout contribuait donc à bien faire augurer de cette entreprise, au succès de laquelle la France entière est intéressée, lorsque, par sa lettre du 4 décembre dernier, M. Victor LEFRANC, ministre de l'Agriculture et du Commerce, a déclaré placer l'Exposition sous le patronage de son Ministère. M. de RÉMUSAT, ministre des Affaires étrangères et M. le général de CISSEY, ministre de la Guerre, ont accepté également de faire partie du Comité de patronage.

L'OEuvre de l'initiative privée conserve néanmoins intacte la formule de son drapeau. L'adhésion des ministres, leur patronage même, n'est qu'un hommage à cette puissance dont ils savent apprécier les résultats ; il sera, n'en doutons point, un nouveau stimulant pour les efforts individuels qui doivent contribuer à la régénération et à la prospérité du pays.

GUY DU HAMEL.

LE MARÉCHAL MAC-MAHON

N donnant au Maréchal de MAC-MAHON la première place dans la galerie de notre *Livre d'Or*, consacré aux hommes éminents qui ont prêté leur appui à l'Exposition lyonnaise, nous ne faisons qu'accomplir un acte de justice; alors qu'il était Gouverneur général de l'Algérie, n'est-ce pas, en effet, du maréchal de Mac-Mahon que vint la première adhésion officielle à l'entreprise naissante?

Depuis cette époque, le maréchal s'est acquis, par sa conduite héroïque sur les champs de bataille et par les services qu'il a rendus au pays, de tels titres à l'admiration et à la reconnaissance de tous, que son droit de figurer en tête d'un Recueil comme le nôtre, est devenu une faveur qu'on est heureux de solliciter et fier d'obtenir. Quand ils s'adressent à certains caractères, les hommages, honorent moins, pour ainsi dire, l'homme qui en est l'objet que l'écrivain qui les peut rendre.

Le maréchal de Mac-Mahon, duc de Magenta, (Marie-Edme-Patrice-Maurice), naquit au château de Sully, (canton d'Épinac, arrondissement d'Autun, département de Saône-et-Loire), le 13 juin 1808; sa famille est d'origine irlandaise; elle vint en France au XVIIᵉ siècle, partageant la mauvaise fortune des Stuarts dont elle avait servi la cause avec dévouement.

Lorsque tout espoir de restauration fut perdu, les Mac-Mahon, qui s'étaient fixés en Bourgogne, se firent naturaliser Français. Mais plusieurs d'entre eux n'avaient pas attendu ce moment pour prendre du service dans les armées de leur patrie adoptive; sous Louis XIV, quatre régiments irlandais, passés au service de la France, étaient commandés par des officiers de cette maison. Le père du duc de Magenta, colonel en second du régiment de Lauzun-hussard, fut nommé chevalier de Saint-Louis par le roi Louis XVI, le 8 septembre 1784. Le 8 septembre 1855, le maréchal, pour fêter cet anniversaire, plantait le drapeau de la France sur la tour Malakoff et décidait ainsi de la prise de Sébastopol. Son oncle, le marquis de Mac-Mahon, était, en 89, colonel du Royal-Dauphiné. Sous la Restauration, il fut promu au grade de maréchal de camp et élevé à la pairie.

Le maréchal descend, par sa mère, née Riquet de Caraman, de l'illustre créateur du canal du Languedoc.

L'enfance du jeune Maurice de Mac-Mahon eut quelque analogie, dit un biographe, avec l'enfance de Lamartine. Sa mère, dont les paysans de Sully bénissent encore la mémoire, tout en semant dans sa jeune âme les principes de la foi la plus pure, s'attacha à cultiver la bonté naturelle de son cœur. Elle emmenait l'enfant avec elle dans les chaumières du voisinage, lui apprenait à connaître la demeure des pauvres et des malades, l'intéressait à leurs besoins, à leurs souffrances, et l'envoyait ensuite leur distribuer des secours. Dans la pensée de Madame de Mac-Mahon, l'enfant, qui devait être prêtre, faisait ainsi l'apprentissage de l'apostolat de charité, auquel semblait le destiner sa santé frêle et délicate; son père et son oncle avaient toujours espéré, au contraire, qu'il continuerait les traditions militaires de la famille. Ce ne fut donc pas sans quelque peine qu'ils cédèrent aux instances maternelles.

Maurice entra au petit séminaire d'Autun pour y achever ses études, qu'il avait commencées dans la maison paternelle. Le régime de la pension le rendit robuste, de sorte que toutes les inquiétudes au sujet de sa santé s'évanouirent; d'ailleurs, en dépit de tous les examens de conscience, il fut obligé de déclarer qu'il ne se sentait nulle vocation pour la prêtrise. Son père l'envoya donc à Versailles dans une institution préparatoire à l'École de Saint-Cyr. L'année suivante, le 24 novembre 1825, il était admis l'un des premiers à cette École. Il avait dix-sept ans. Il sortit le quatrième aux examens de clôture et passa, le 1er octobre 1827, à l'École d'application d'état-major.

Au bout des deux années réglementaires, il était désigné pour le 4e régiment de hussards, dans lequel son frère était capitaine. L'année suivante, l'expédition d'Alger était décidée. Le jeune Mac-Mahon ne pouvait laisser échapper cette occasion de faire ses premières armes; il permuta donc avec un officier d'état-major du 20e régiment de ligne qui partait pour l'Algérie. Le 21 novembre 1830, il était nommé chevalier de la Légion d'honneur et cité à l'ordre du jour de l'armée par le général Clausel, pour sa belle conduite à l'affaire de Mouzaïa. Il passa comme lieutenant, le 20 avril 1831, au 8e cuirassiers — celui-là même qui devait, avec le 6e, s'immortaliser à Reischoffen.

A son retour d'Algérie, il prit part, comme aide-de-camp du général Achard (16 janvier 1832), au siége d'Anvers; l'intrépidité dont il fit preuve dans cette campagne fut récompensée de la croix de Léopold.

Attaché, comme adjudant-major le 15 mars 1833, au 1er de cuirassiers, il fut nommé capitaine le 20 décembre suivant, puis choisi successivement pour aide-de-camp par les généraux Bellair (6 août 1835), Bro (18 octobre 1836), Damrémont (5 septembre 1837), d'Houdetot (18 décembre 1839) et Changarnier (12 juillet 1840).

Dès 1836, le jeune Mac-Mahon avait été, sur sa demande, renvoyé en Afrique.

A l'assaut de Constantine, il fut héroïque; tout blessé qu'il était d'un coup de feu à la poitrine, il arriva l'un des premiers sur la brèche et y planta le drapeau français.

Ce magnifique fait d'armes fut récompensé par le grade d'officier de la Légion d'honneur, qui n'avait pas été accordé depuis la Restauration à un aussi jeune capitaine (il avait alors 29 ans), et par une citation à l'ordre du jour de l'armée.

Nommé chef d'escadron d'état-major le 28 octobre 1840, il fut chargé, lors de la formation des chasseurs à pied, de l'organisation et du commandement du 10e bataillon avec lequel il eut plusieurs affaires heureuses dans les provinces d'Alger et d'Oran. « Il supportait, dit un témoin oculaire, la guerre, ses fatigues, ses privations, avec une intrépidité stoïque, se refusant à lui-même les choses les plus nécessaires et sacrifiant tout, jusqu'à sa bourse, aux blessés et aux malades. »

Le Maréchal Mac-Mahon

On sait, du reste, quelle affection, quelle sollicitude toute paternelle le maréchal Mac-Mahon a toujours montrée pour le soldat ; en quelle estime il a toujours tenu le mérite subalterne, le dévouement obscur, l'héroïsme souvent inconnu du simple troupier.

« Il n'y a pas un de mes hommes, a-t-il dit souvent, qui n'ait mérité vingt fois la croix quand on la lui accorde ; aussi, lorsque je rencontre un soldat ou un sous-officier décoré, je le salue le premier. »

Ce mot peint l'homme.

Nous passerons rapidement sur les nouvelles promotions que le jeune et brillant officier d'état-major mérita toujours sur le champ de bataille.

Nommé lieutenant-colonel de la 2ᵉ légion étrangère le 31 décembre 1842, il passa colonel le 24 avril 1845, et commanda successivement les 41ᵉ et 9ᵉ régiments de ligne.

Le 12 juin 1848, il fut nommé général de brigade et chargé, comme tel, du gouvernement de Tlemcen, puis, par intérim, le 19 février 1850, du commandement de la province d'Oran, et le 17 mars 1852, du commandement de la division de Constantine.

Sa nomination au grade de général de division date du 16 juillet 1852 ; il avait reçu, le 18 juillet 1849, la grand'croix de commandeur de la Légion d'honneur.

Le général de Mac-Mahon, actif, équitable, sauvegardant tous les droits, obtint dans le commandement de la province de Constantine, ce résultat, auquel bien peu comme lui sont parvenus en Algérie, de ne soulever aucune récrimination, pas plus du côté de l'armée que du côté de la population civile ou arabe ; et cependant il comprimait les fréquentes révoltes des Arabes, il organisait la colonie et créait une foule d'institutions locales, destinées soit à développer l'essor agricole de la colonie, soit à garantir la sécurité des personnes et des propriétés.

Le simple commandant de la division de Constantine faisait prévoir ainsi ce que serait plus tard le Gouverneur général de l'Algérie.

A partir de sa promotion au grade de général de division, la vie du maréchal de Mac-Mahon appartient à l'histoire ; sa renommée du reste est telle, et son nom est si populaire, qu'il n'est pas un Français qui ne puisse la raconter en détail, depuis la prise de Sébastopol jusqu'à la délivrance de Paris : belle vie de soldat, si pleine d'actions héroïques, si remplie de patriotiques dévouements, qu'on ne saurait dire avec certitude qui de ses victoires ou de ses revers lui assurent le plus de gloire. ·

La guerre de Crimée et la guerre d'Italie, la prise de Malakoff et le gain de la bataille de Magenta avaient placé le maréchal de Mac-Mahon au premier rang comme général commandant ; son administration de la province de Constantine le désignait naturellement comme le plus apte à gouverner l'Algérie, lorsque la politique, si changeante de l'Empire, rétablit le commandement militaire dans notre colonie africaine (septembre 1864). Nous n'avons point à étudier ici le plus ou moins de valeur du système nouveau dont le maréchal dut faire l'application ; sans doute il l'approuvait, puisqu'il consentait à le mettre en pratique ; mais ses adversaires politiques, eux-mêmes, n'ont jamais suspecté ses intentions.

Il est remarquable également que bien qu'il ait, comme Gouverneur général de l'Algérie, participé à la politique générale de l'Empire, la popularité du maréchal de Mac-Mahon n'y a rien perdu. C'est qu'en effet sa droiture, sa loyauté dans le maniement des affaires sont proverbiales autant que son intrépidité sur les champs de bataille.

Un écrivain disait de lui, avant la malheureuse campagne de 1870, qu'il tenait à la fois de Ney et de Masséna ; c'était vrai, en ce qu'il était tout à la fois *le Brave des braves* et *l'Enfant chéri de la victoire*. Il semblait, disait-on, « que la fée du bataillon marchait toujours à ses côtés, d'une ·main lui tressant des couronnes, de l'autre écartant les boulets. » Le maréchal de Mac-Mahon est resté le brave des braves! Ceux qui l'ont vu à Reischoffen et à Sedan sont là pour le dire! Est-ce à dire qu'il n'est plus l'*Enfant chéri de la victoire?* Le soldat n'en croit rien, et le soldat place bien sa confiance!

Il est un autre homme de guerre qui semble, à nos yeux, mieux prêter à la comparaison que les deux généraux du premier Empire; c'est BAYARD, le *Chevalier sans peur et sans reproche.*

Même bravoure, même patriotisme, même loyauté à toute épreuve de part et d'autre!

Seul, Bayard défend contre un gros d'Espagnols le pont de Marignan; seul, M. de Mac-Mahon, alors aide-de-camp du général Achard, porte, à travers une nuée de Kabyles, un ordre au colonel Bessière.

Bayard décide la victoire de Marignan; à quelques lieues de là, le général de Mac-Mahon décide celle de Magenta.

Il nous serait facile d'étendre la comparaison, si le cadre d'une simple notice se prêtait à ce genre de travail; nous retrouverions en effet ces deux hommes qui décidaient par leur valeur individuelle le succès d'une journée, subir l'un et l'autre, dans leurs jours de revers, la peine de fautes qu'ils ne pouvaient empêcher.

Bayard, blessé à mort, disait au connétable de Bourbon qui pleurait à ses côtés : — Ne pleurez pas sur moi, Monsieur; je meurs en homme de bien. Pleurez plutôt sur vous-même, qui avez trahi votre roi et votre patrie.

Le maréchal de Mac-Mahon, à Sedan, eût-il tenu un autre langage?... Mais il ne pouvait rencontrer sur le champ de bataille celui qui ne s'y trouvait pas.

JACQUES GUILLEMAUD.

« A M. A. THAREL, Directeur de l'Exposition Universelle et Internationale de Lyon.

» *Alger, 6 juillet 1870.*

» MONSIEUR LE DIRECTEUR,

» M. le Ministre de la guerre vient de m'informer qu'une Exposition universelle, internationale doit s'ouvrir à Lyon du 1er mai au 31 octobre 1871. J'attache un grand intérêt à ce que l'Algérie, qui a figuré déjà avec succès dans des concours beaucoup moins importants, soit dignement représentée à cette Exposition.

» Mais, bien que le Règlement général ait été arrêté par le Comité d'organisation depuis le 1er avril dernier, c'est seulement aujourd'hui qu'il m'est parvenu et qu'il m'a été possible, conséquemment, de faire appel à tous les concurrents et producteurs de la colonie.

» Dans ces conditions, le délai fixé pour les demandes d'admission qui doivent vous être adressées avant le 31 août prochain, me paraît bien court, et je verrais avec plaisir qu'il vous fût possible de le proroger pour l'Algérie jusqu'au 1er octobre suivant.

» Je saisis cette occasion pour vous prier de m'adresser quelques exemplaires du Règlement, dont je n'ai reçu qu'un nombre insuffisant.

» Recevez, Monsieur le Directeur, l'assurance de ma considération distinguée.

» *Le Maréchal de France, Gouverneur général de l'Algérie,*

• Signé :

» MAC-MAHON. »

Nous avons apprécié, dans la Notice historique sur l'Exposition, qui précède la biographie du maréchal de Mac-Mahon, l'importance de la lettre qu'on vient de lire, au point de vue de l'appui moral qu'elle prêta à l'entreprise; pour être juste, nous devons ajouter que l'exemple donné par l'illustre maréchal a été suivi par son successeur, M. le Gouverneur général civil de l'Algérie. Par sa lettre datée du 7 octobre dernier, et qui a été publiée dans le *Bulletin officiel* de l'Exposition du 15 du même mois, ce haut fonctionnaire a adhéré à l'Exposition de Lyon dans des termes à peu près identiques.

J. G.

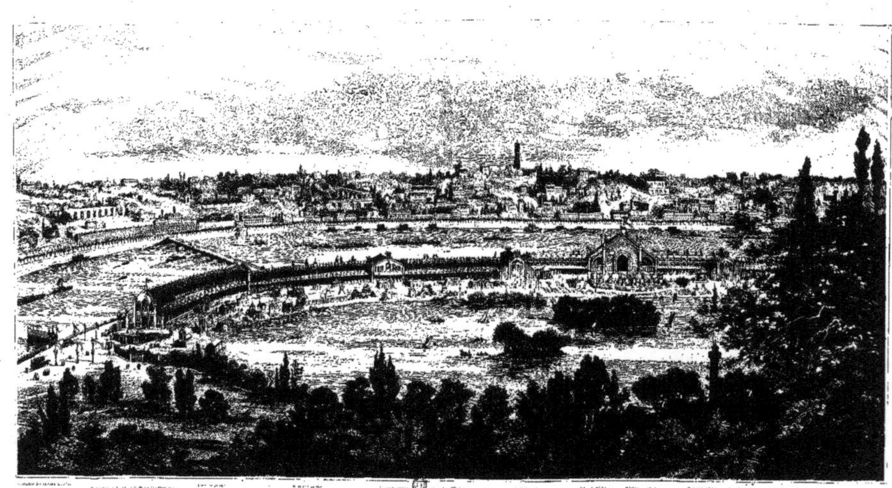

Vue générale du Palais de l'Exposition, du Lac et du Parc.

AVANT-PROPOS

U moment où les peuples inscrivent avec honneur et fierté, dans les fastes de leur gloire, les noms des hommes illustres qui se sont signalés par des actes remarquables aux principales périodes de leur histoire, ne doit-il pas en être de même dans les Expositions, c'est-à-dire dans les circonstances où l'industrie et le génie commercial viennent montrer aux nations assemblées, les progrès que leurs travailleurs ont accompli pour le bonheur de l'humanité.

Quoi de plus juste, en effet, que de signaler à la reconnaissance des générations, ces hommes modestes et persévérants qui, à la sueur de leur front, par l'insomnie de leurs veilles, aux risques et périls de leur santé et de leur fortune, en sacrifiant souvent leurs intérêts et leur repos, au mépris des douceurs du luxe et des plaisirs, ont amené peu à peu, par leurs labeurs ou leurs inventions, l'aisance dans les populations, les relations dans la société, la douceur dans nos mœurs, la satisfaction dans nos besoins, le goût dans nos allures, la fortune dans les familles et la félicité dans la vie quotidienne.

Qui pourrait même prétendre que les services de ces derniers ne sont pas aussi importants que ceux qui ont été rendus par des illustrations dont les statues figurent sur nos monuments, et que les richesses des peuples ou la prospérité et la grandeur des nations n'est pas souvent plutôt la conséquence

du travail de l'industrie, que des conquêtes des génies militaires, ou des conceptions des législateurs et des politiques? Eh bien donc, puisqu'il en est ainsi, n'est-il pas de toute raison de faire pour les uns ce qui a été fait pour les autres et d'écrire, pour la postérité, ce qui a été accompli par ces hommes dévoués et généreux. Le LIVRE d'OR leur est destiné.

C'est là que vont figurer les états de service de tous les inventeurs, commerçants, industriels, savants, de tous les travailleurs en un mot qui ont amené le progrès, à l'état où il existe et à l'époque présente.

L'Exposition de Lyon étant une entreprise due à l'initiative privée, le LIVRE D'OR a suivi la même ligne, c'est-à-dire qu'il a accepté tous ceux qui ont concouru jusqu'ici à l'accomplissement du bien-être de la société, et qui, comme tels, ont mérité les approbations et les suffrages distingués de leurs pareils.

Mais le LIVRE D'OR ne s'est pas borné là, il a voulu faire comme les Expositions, c'est-à-dire être utile à tous, non pas seulement en montrant des exemples à suivre et cherchant par ce moyen à former des hommes utiles pour l'avenir, mais en instruisant et donnant les moyens et les règles qui permettent le progrès et la perfection. C'est ainsi que tous les chapitres d'industries, toutes les descriptions d'usines ou de fabriques, toutes les études de maisons spéciales, toutes les biographies, toutes les œuvres artistiques, etc., renferment, avec des détails particuliers destinés à faire ressortir la valeur du chef lui-même, des questions techniques ou des dessins et des plans, ayant pour but de montrer les choses accomplies, leur valeur, et par conséquent l'état du progrès au moment de l'Exposition de Lyon : de cette manière de présenter les choses, découle naturellement leur appréciation et dès lors l'indication du but à atteindre pour l'avenir.

Dans de telles conditions, le LIVRE d'OR est le complément de l'Exposition elle-même, et alors que tout ce qui se rattachait à cette grande fête industrielle aura disparu, lui seul restera comme le monument attestant les faits accomplis et les services rendus; il sera comme une étape industrielle, d'où devront partir les nouveaux progrès de l'avenir.

Ce qui vient d'être dit fait comprendre naturellement le plan du LIVRE D'OR. Cette œuvre, en effet, ne procède pas par des chapitres spéciaux, ni par des classifications ou ordres méthodiques; il n'est pas un ouvrage didactique, mais une simple revue de faits ou de choses marquantes et utiles. Il procède comme une Exposition elle-même, c'est-à-dire qu'il montre, sans fatigue ou contrainte, un mélange d'objets hétérogènes, dont l'ensemble constitue le but principal. Aussi, pêle-mêle, sans transition, se trouveront dans le LIVRE D'OR, à côté les unes des autres, des biographies d'hommes distingués, des études techniques, des appréciations artistiques, littéraires ou historiques, des questions agricoles, des relations scientifiques, etc., destinées avant tout à permettre une lecture facile, attrayante et utile. Mais, de même qu'un catalogue classe finalement dans une Exposition les diverses catégories des objets qui sont présentés au public, de même une table spéciale, à la fin du LIVRE D'OR, rétablira un ordre précis dans ce chaos relatif, et permettra au lecteur de retrouver, par industries et sections, tous les documents qui auraient présentement paru être placés confusément.

LES EXPOSITIONS

'Idée des Expositions publiques de produits de l'Industrie est une création toute française, qui date de la première République, en 1798; malgré les malheurs du pays à cette époque, causés en partie par l'incapacité du Directoire, la nation comprit immédiatement la portée de cette innovation; aussi des industriels éclairés répondirent-ils à cet appel fait au nom de l'avenir commercial du pays et rendirent-ils cette fête tellement solennelle, que François de Neufchâteau, alors ministre de l'Intérieur, écrivait à la suite de cette cérémonie : « l'Exposition n'a pas été très-nombreuse, il est vrai (il y avait 110 exposants), mais c'est la première campagne de notre industrie, et elle a réussi pleinement. »

Depuis cette époque, toutes les Expositions qui se sont succédées, n'ont fait que grandir, tant par le nombre des concurrents que par celui des objets exposés, et elles ont finalement placé la France au premier rang des nations industrielles et commerçantes. Pour le prouver, citons le nombre des exposants qui ont figuré à chacune d'elles :

Première Exposition, en 1798 — 110 exposants.
Deuxième Exposition, en 1801 — 220 exposants.
Troisième Exposition, en 1802 — 510 exposants.
Quatrième Exposition, en 1806 — 1,422 exposants.
Cinquième Exposition, en 1819 — 1,662 exposants.
Sixième Exposition, en 1823 — 1,648 exposants.

Septième Exposition, en 1827 — 1,795 exposants.
Huitième Exposition, en 1834 — 2,447 exposants.
Neuvième Exposition, en 1839 — 3,384 exposants.
Dixième Exposition, en 1844 — 3,963 exposants.
Onzième Exposition, en 1849 — 4,532 exposants.

Dans ces dernières Expositions, le mouvement du progrès de l'Industrie s'était largement développé, grâce au maintien d'une paix assez longue, aussi eurent-elles un grand éclat et rendirent-elles tout à fait populaires cette nature de fêtes. Il y eut plus, les travaux accomplis pendant cette période et étalés aux

Horloge de la Cathédrale de Lyon (1598)

yeux du monde entier, excitèrent une telle admiration, que l'idée des Expositions envahit l'Europe et, en 1851, une Exhibition universelle s'ouvrit en Angleterre. Cette solennité réunit 15,000 exposants et fut

L'Université au Moyen-Age

certainement l'un des plus beaux spectacles de notre siècle, puisqu'elle couronnait l'idée dominante de la civilisation, c'est-à-dire l'alliance et la concorde des peuples par le progrès et le bonheur de l'humanité.

D'autres Expositions universelles se succédèrent alors; parmi elles, nous devons citer celle de 1855, à Paris, qui réunit 20,000 adhérents, celle de Londres en 1862, qui eut 22,000 exposants, et enfin, celle de Paris en 1867 qui, dans le Champ-de-Mars, obtint le concours de 40,000 industriels, et qui fut réellement la plus grandiose de toutes les réunions de ce genre, parce qu'elle comprenait tout l'ensemble des productions et des manifestations de l'esprit humain.

Par l'amplitude et la magnificence des grandes Expositions que nous venons de citer, il paraissait devoir être établi que seulement à des époques déterminées et par intervalles, les peuples devaient se réunir et se montrer leurs progrès réalisés, puis reprendre haleine et accomplir de nouveaux efforts; mais il n'en fut pas ainsi : par ce contact inespéré des nations, par l'observation des productions enfantées par le génie industriel, par les découvertes de la science, par l'activité du mouvement commercial engendré à leur suite, etc., une émulation soudaine prit naissance de tous les côtés, et des Expositions locales s'établirent sur tous les points du monde. Il nous serait impossible de faire ici, maintenant, la nomenclature de toutes ces fêtes qui invitèrent, depuis, tous les travailleurs de toutes les contrées à venir concourir à ce grand acte accompli par notre siècle. Si nous citons les noms des Expositions de Dublin, d'Altona, d'Edimbourg, de Porto, de Damerara, de Besançon, de Stockholm, d'Amsterdam, etc., ce n'est pas pour rappeler d'une manière spéciale quelques-unes des solennités de ce genre, mais pour faire constater combien les véritables aspirations des populations entières sont tournées aujourd'hui vers un but commun et unique : le travail, le commerce, l'industrie et la paix.

Jusque-là, toutes les Expositions avaient été entreprises sous le patronage des gouvernements et avaient eu, par conséquent, pour s'établir, une autorité, des ressources et une force officielle qui font nécessairement réussir toutes les entreprises. Mais en 1868 eut lieu un premier essai d'initiative privée qui démontra qu'en France, le peuple pouvait, au point de vue industriel, se passer de l'Administration et du Pouvoir et faire personnellement les affaires qui l'intéressent d'une manière spéciale. L'Exposition du Havre est en effet le premier symptôme d'une émancipation toute particulière d'une nation et de la liberté d'action de son commerce et de son industrie. C'était un signal, et bientôt l'on prit l'occasion d'en affirmer le fait. L'Exposition de Lyon l'a démontré d'une manière évidente, puisque seule, à une époque aussi critique qu'au lendemain d'une guerre où nous n'avions eu que des revers, et où la France a failli s'effondrer sous une lutte civile terrible, des dévouements industriels n'ont pas craint d'appeler encore toutes les nations civilisées à une œuvre de concours, de concorde et d'art, et de montrer que malgré toutes les diplomaties et les politiques, le vrai bien des peuples est le commerce et l'industrie.

Que 1872 et l'Exposition de Lyon soient donc désormais une date sacrée et une ère nouvelle pour tous les habitants du monde, puisqu'elles démontrent d'une manière positive que l'initiative privée suffit pour enfanter le bon accord et le bonheur des peuples.

Qu'on ne croie pas toutefois que la multitude de pareils spectacles et la répétition de ces concours puisse arrêter la marche du progrès dans l'avenir, non. De nos jours, en effet, une grande manifestation se produit de tous côtés, partout on réclame l'instruction ; de toutes parts on fonde des écoles, des établissements de sciences, d'industrie et d'art, où les citoyens puiseront les éléments de tout ce qui doit leur être nécessaire pour porter au comble de la perfection ce qu'ils pourront entreprendre, et dès lors produire des chefs-d'œuvre. Donc, comme au Moyen-Age et à l'époque de la Renaissance, se prépare une rénovation des usages et coutumes de l'esprit humain. Aussi voyons-nous en tous lieux cet amour des Expositions et des productions du génie inventif de l'industrie et de l'intelligence, revêtir toutes les formes possibles : Cours, Comices agricoles, Exhibitions universelles, Concours régionaux, Sociétés de protection, Conférences publiques, etc., et préparer le monde à cette transformation future où il est aisé de prévoir que le savoir, le travail et l'effort accompli tendent à avoir le pas sur tout ce qui, jadis, le dominait ou l'annihilait. Si l'on veut bien en effet se reporter à ce que produisit la Renaissance et plus tard à ce que fit sortir de beau, de grand, de noble et d'artistique la création du Collège de France, des Arts-et-Métiers, des Facultés, des Écoles municipales, etc., ainsi qu'aux chefs-d'œuvre de l'Horlogerie, de l'Architecture, des Sciences, etc., qui en furent le produit, on ne peut douter de ce que nous avançons et, dès lors, s'en pénétrer et favoriser, par tous les moyens possibles, l'exécution de ce grand travail qui sera la gloire et le caractère de la fin de notre siècle.

« L'homme doit donc remplir ici-bas, comme le disait le prince Albert, dans son discours d'ouverture de la première Exposition universelle de Londres (en 1851) la mission pour laquelle Dieu le plaça sur la terre et qui est l'unité de la race humaine, c'est-à-dire la concorde et l'amitié entres ses semblables. » En effet, c'est à l'amour entre siens, c'est à la fraternité entre peuples, c'est à la paix entre tous, qui est le fondement de la morale de la religion chrétienne, que doivent aboutir l'œuvre de la création, les efforts de la nature et le but de la Providence. Saluons donc tous avec empressement et bonheur l'aurore de ce jour nouveau qui nous apparaît dans l'avenir; que l'Exposition de Lyon en soit comme le précurseur, et que le Livre d'Or en soit comme les tables où les noms de ses prophètes et de ses apôtres seront inscrits en caractères ineffaçables et voués à la reconnaissance de l'avenir.

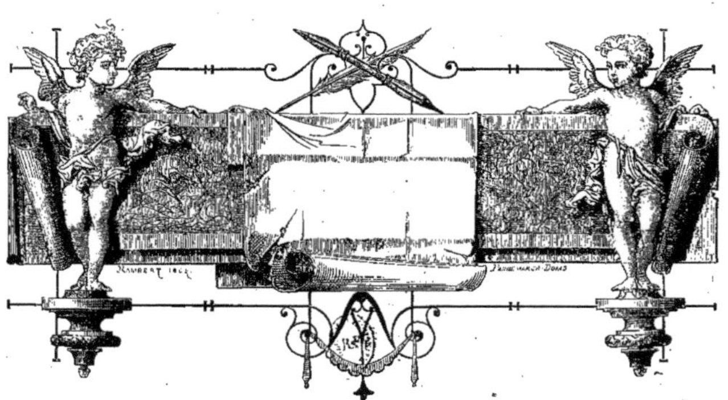

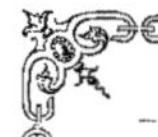
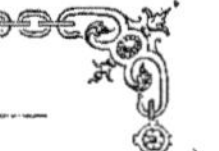

INDUSTRIE DES PRODUITS CHIMIQUES

POUR

LA TEINTURE ET L'IMPRESSION DES ÉTOFFES

S.-D. COËZ, Fabricant a Saint-Denis (Seine)

DISTINCTIONS OBTENUES AVANT L'EXPOSITION DE LYON

Médaille de deuxième classe à l'Exposition universelle, 1855. — Prize Medal à l'Exposition de Londres, 1862.
Médaille d'or à l'Académie nationale, Paris, 1863.
— Médaille d'argent à l'Exposition universelle, 1867. — Diplôme d'honneur à l'Exposition du Havre, 1868. —
Diplôme d'honneur à l'Académie nationale, 1868. — Médaille d'or à la Société d'Encouragement, 1870

E N présence de toutes ces hautes distinctions accordées à M. S.-D. Coëz, par les jurys des Expositions précédentes, nous devons ajouter que sa maison de commerce qui, dès la première année de sa fondation (en 1853), avait atteint un chiffre d'affaires de 108,000 francs, a obtenu, en 1870, une augmentation de 2,500,000 francs. Des résultats aussi sérieux indiquent, sans commentaires, que non seulement une fabrication supérieure est établie dans l'usine de cet industriel, mais que lui-même, en se maintenant au courant de toutes les exigences du commerce et de tous les progrès de la science, sait prendre en toute circonstance voulue l'initiative de procédés et de méthodes qui tendent à le porter toujours au premier rang des producteurs de ce genre d'industrie, et souvent même à leur créer de nouvelles ressources lorsque le besoin semble s'en faire sentir. Pour prouver ce que nous énonçons, il nous suffira de signaler que M. Coëz, un des premiers, a monté la fabrication des extraits de matières colorantes, puis celle des laques pour la teinture et l'impression des étoffes : cette dernière branche d'industrie, qui se chiffre aujourd'hui dans le commerce par une évaluation de 12 à 15 millions, est de date récente et montre combien d'efforts, d'activité et d'intelligence, cet industriel a dû dépenser pour arriver à placer ses productions sur la plupart de nos marchés commerciaux, où ils sont en général estimés, comme d'une marque supérieure et spéciale. L'usine de M. Coëz, à Saint-Denis, occupe en termes moyens de 120 à 150 ouvriers, et expédie ses produits par toute l'Europe et l'Amérique où ils sont très-appréciés.

Après avoir indiqué la situation présente et industrielle de M. Coëz, qu'il nous soit permis de jeter quelques regards en arrière pour montrer quels ont été les difficultés qu'a dû vaincre et surmonter ce fabricant, afin d'arriver à la haute position qu'il a su se créer : issu de parents, simples artisans, il dut employer les premières années de sa jeunesse à d'humbles travaux et fut ouvrier tisserand jusqu'à l'âge de 18 ans; c'est assez dire, qu'élevé dans les rudes pratiques d'une vie laborieuse, ce fut à peine s'il reçut les principes d'une éducation élémentaire. Plus tard, il vint à Paris, où il se fit accepter comme ouvrier dans une teinturerie. Là, son esprit ferme et actif suppléa au défaut d'instruction et lui donna le courage

S.-D. Coëz

d'apprendre peu à peu ce qui lui était nécessaire pour arriver à une position supérieure; aussi le voyons-nous dans la même teinturerie, où il entrait comme ouvrier, devenir successivement employé, puis comptable. Dans cette position, il sut peu à peu tirer parti du milieu dans lequel il vivait; il y puisa le goût de la chimie, et, par des veilles nombreuses consacrées à cette partie des sciences, il acquit les connaissances nécessaires au genre d'industrie où il se livra quelques années après sa sortie de la teinturerie. En effet, l'extraction des matières colorantes qu'il entreprit à ce moment, exigeait des études sérieuses, par la raison que tous les fabricants ne sont pas encore du même avis relativement à la préparation des bois et à l'emploi des nombreux appareils servant à cet usage.

Comme on le voit, par les quelques lignes que nous venons de donner, M. Coëz, comme fabricant industriel et commerçant, doit être classé au nombre de ces hommes que l'on peut donner comme exemple

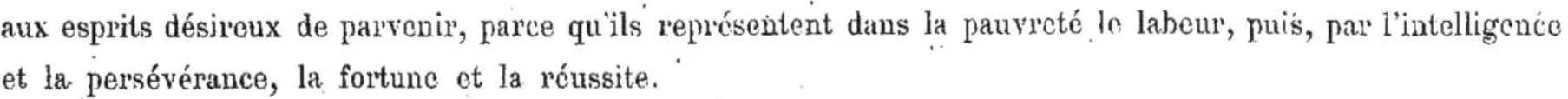

aux esprits désireux de parvenir, parce qu'ils représentent dans la pauvreté le labeur, puis, par l'intelligence et la persévérance, la fortune et la réussite.

Comme complément des documents que nous venons de donner, disons encore quelques mots de l'industrie de M. Coëz, c'est-à-dire de la fabrication des extraits de matières colorantes, et des laques, afin de montrer combien d'ordre, de savoir et de sagacité ont été développés par cet industriel, pour l'établissement des méthodes et des procédés destinés à effectuer ces principales productions.

Jusqu'au commencement de ce siècle, l'usage suivi en France a été de réduire les bois en copeaux à l'aide d'une hache, et de laisser macérer le bois pendant quelques jours dans l'eau, pour dissoudre la matière colorante. Mais en observant la contexture des bois et le dépôt de la couleur dans leurs interstices ou cellules, on reconnut peu à peu qu'on perdait une grande quantité de matière colorante. On songea alors à triturer les bois de teinture entre des meules; plus tard, on inventa la presse à vapeur qui évitait les pertes et les fermentations qui se produisaient par la poudre des bois. Pour retirer la matière colorante, on se sert en général d'une chaudière d'extraction qui a la forme d'une poire, et qui repose par deux tourillons sur deux colonnes en fonte. De cette manière, la vidange s'effectue rapidement en ouvrant la partie supérieure qui se place en dessous quand on renverse l'appareil, la chaudière est à double fond, lequel est formé par un tamis en fil métallique très-fin. Un tuyau monté sur l'un des tourillons, amène de la vapeur qui agit sur le bois de teinture. Par l'autre tourillon arrive de l'eau que l'on fait verser par instant et qui est destinée à se charger des principes tinctoriaux. Après plusieurs épuisements successifs du bois de teinture, on obtient un liquide que l'on évapore ensuite à la vapeur à l'aide d'appareils particuliers et perfectionnés, soit dans le vide, soit à l'air libre, puis quand le produit est arrivé à un certain degré, on le laisse refroidir et il se prend en masse demi-vitreuse qui se brise et que l'on emballe. On trouve aujourd'hui dans le commerce des extraits de tous les bois colorants, (cuba, fustel, bois rouge, campèche, bois de Brésil, etc.) secs ou liquides, suivant les genres d'industries auxquels ils sont destinés.

Les laques sont des couleurs matérielles formées par la combinaison d'une matière colorante organique, avec une base terreuse ou métallique qui est ordinairement l'alumine ou l'oxyde d'étain. On les prépare de deux manières principales, soit en mélangeant la décoction de la matière colorante avec une dissolution d'alun, et ajoutant du carbonate de soude qui décompose l'alun et donne lieu à un précipité qui entraîne intimement la matière colorante, soit lorsque la nature colorante est susceptible de s'altérer par l'action des alcalis, en agitant sa décoction avec de l'alumine en gelée qui détermine la précipitation de la matière colorante. Il y a un certain nombre de laques dont les couleurs sont si solides, qu'on peut les employer en peinture.

Par les quelques renseignements de fabrication technique que nous avons indiqués, il est facile de comprendre combien M. Coëz a eu de mérite d'installer, et souvent même d'inventer, les séries d'opérations et même d'appareils nécessaires à l'obtention des produits de cette nature. Pour des travaux de ce genre, il faut en général toujours des applications et des études profondes que l'on n'acquiert qu'avec la persévérance, le travail et le temps. Or, avec les moyens et l'instruction première dont pouvait disposer M. Coëz, il lui a fallu plus de peine et plus de valeur qu'à tout autre, aussi est-il juste d'avoir à lui en tenir compte dans l'appréciation de ses titres industriels.

INDUSTRIE DES ARTS PHOTOGRAPHIQUES

NIEPCE DE SAINT-VICTOR

EVEU de celui qui, le premier, osa aborder en face et sut résoudre le problème du dessin par la lumière, et qui fut le collaborateur de Daguerre, NIEPCE DE SAINT-VICTOR avait tenu à honneur de conserver au nom qu'il portait la notoriété de science que lui avait acquise son oncle Nicéphore Niepce. Sans-fortune, il subit la loi militaire et commença par être sous-officier dans l'armée; par sa bonne conduite et avec le temps, il devint lieutenant de dragons; c'est alors qu'il commença à s'occuper de photographie. Cette partie le captiva tellement depuis, qu'il y consacra tous les instants que son service lui laissait, et eut bientôt, par sa sagacité et en multipliant les expériences à l'infini, enrichi la science de découvertes utiles et pratiques. Grâce à ces résultats, il demande et obtint en 1846, afin de continuer ces études, de se rendre à Paris et d'entrer comme lieutenant dans la Garde municipale : là il y continua sa carrière militaire, tout en se donnant à des travaux de physique et de chimie.

Au premier rang des découvertes qu'il fit alors, s'impose, tant par son importance propre que par la valeur des procédés qui en furent la suite, l'invention de la photographie sur albumine. Pour avoir une idée du mérite de ce procédé, il faut se souvenir de ce qui se faisait en 1847 : le collodion était encore inconnu, le daguerréotype régnait en maître et la photographie proprement dite, c'est-à-dire l'opération qui consiste dans la production première d'un cliché destiné à être reproduit ensuite en positif, ne se servait encore que d'un seul subjectile, le papier.

Si attachants, si remarquables que fussent déjà les résultats obtenus, ils laissaient alors beaucoup à désirer; l'image, en effet, disséminée à travers les fibres du papier, était grenue et restait privée de ce modelé si doux qui donnait tant de prix aux épreuves daguerriennes. Niepce de Saint-Victor, le premier, pensa alors à étendre sur glace une couche sans fibres et d'une transparence absolue : le blanc d'œuf battu en neige, additionné d'iodure, puis sensibilisé à l'aide du nitrate d'argent, lui offrit le moyen de produire cette couche. Réservé d'abord à quelques mains d'une habileté spéciale, le procédé sur albumine fut long à se généraliser, mais lorsque plus tard, Taupenot eut trouvé le procédé d'en corriger la lenteur, on vit l'usage s'en répandre et la découverte de Niepce de Saint-Victor porta ses fruits. Est-il besoin de rappeler les splendides épreuves des Bayard, Baldus, Fortin, Ferrier, Soulier,

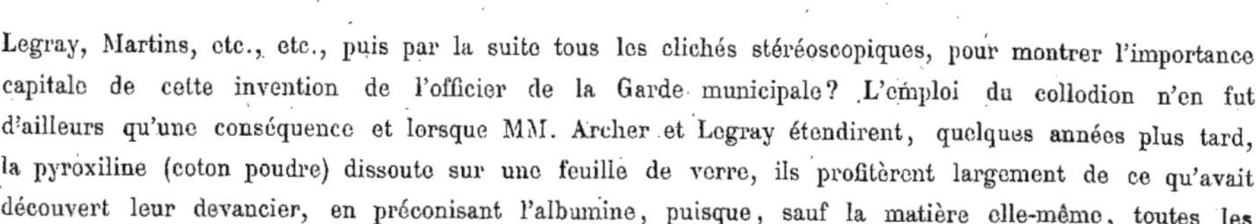

Legray, Martins, etc., etc., puis par la suite tous les clichés stéréoscopiques, pour montrer l'importance capitale de cette invention de l'officier de la Garde municipale? L'emploi du collodion n'en fut d'ailleurs qu'une conséquence et lorsque MM. Archer et Legray étendirent, quelques années plus tard, la pyroxiline (coton poudre) dissoute sur une feuille de verre, ils profitèrent largement de ce qu'avait découvert leur devancier, en préconisant l'albumine, puisque, sauf la matière elle-même, toutes les réactions et manipulations étaient les mêmes.

Mais là ne se bornèrent pas les efforts de Niepce de Saint-Victor : attiré bientôt par les recherches originales de M. Ed. Becquerel sur la reproduction photographique du spectre, et par l'obtention des couleurs naturelles qui se produisent dans cette expérience, il se lança avec ardeur dans la voie ouverte par ce savant. L'espace nous manque pour rappeler ici les nombreuses tentatives faites à ce sujet par Niepce de Saint-Victor; nous avons plus d'une fois rendu visite au laboratoire que l'officier laborieux et modeste avait installé dans la caserne du faubourg Saint-Martin, puis de la rue Mouffetard, et nous avons vu une partie de ses recherches : son esprit ingénieux et tenace imaginait chaque jour de nouveaux essais, et s'il n'a pas, comme il l'espérait tant, découvert le moyen de fixer définitivement les couleurs produites à l'aide de la lumière sur les plaques d'argent, tout au moins est-il parvenu à leur communiquer une stabilité telle qu'on peut aujourd'hui encore admirer les colorations vives d'images obtenues par lui, il y a plus de dix ans, et regarder le problème comme lancé dans une voie telle que nécessairement de nombreuses applications en résulteront.

Parmi les travaux ingénieux dont la pratique s'emparera forcément un jour ou l'autre, et qui sont dus à Niepce de Saint-Victor, rappelons son procédé aux sels d'urane, qui a si fort occupé les photographes, et dont on annonce qu'on a enfin obtenu, en Amérique, des résultats surprenants et instantanés; son travail sur les propriétés photographiques de l'iode, du phosphore et des acides, ses recherches sur l'emmagasinement de la lumière; ses méthodes de photographies en couleur, etc., et enfin ses études sur les substances photogéniques qui furent les dernières auxquelles il donna ses soins.

Les travaux que nous venons de rappeler rapidement constituent pour Niepce de Saint-Victor des titres considérables à la reconnaissance de tous ceux qu'intéresse l'art photographique, et si nous ajoutons qu'étranger à toute intrigue, chercheur consciencieux et infatigable, il fut par-dessus tout un savant intègre et désintéressé, nous aurons fait de lui un des éloges les plus beaux qui se puissent entendre. En effet, ayant pris sa retraite alors qu'il était arrivé au grade de commandant de la Garde municipale, il obtint de l'empereur la place de commandant du Louvre. Il est mort récemment sans fortune, car ses appointements étaient régulièrement dépensés en expériences et en essais, de sorte que la veuve de cet homme utile est restée dans une situation précaire, où certainement la reconnaissance du pays ne la laissera pas.

Si nous ne parlons pas des distinctions obtenues par Niepce de Saint-Victor, de son vivant, c'est-à-dire de ses médailles d'or aux Expositions de Londres, de sa croix d'officier de la Légion d'honneur, etc., c'est qu'à notre avis tout cela s'efface devant la grandeur d'avoir attaché son nom à l'une des plus belles productions de l'intelligence humaine et de notre siècle, l'*Art de la Photographie*.

INDUSTRIE DE L'ART DES MINES ET DE LA GÉOLOGIE

Victor FOURNET

Aguère la Ville de Lyon a vu s'éteindre un de ses professeurs les plus distingués, et dont le nom sera toujours lié d'une manière remarquable et intime aux travaux de l'art des mines et de la géologie, tant ses recherches de savant pratique ont apporté de matériaux importants dans cette partie des sciences industrielles. Victor Fournet était chargé du cours de minéralogie et de géologie à la Faculté des Sciences de Lyon depuis 1834. Mais, auparavant, il avait occupé les positions spéciales de directeur dans des exploitations métallurgiques du Bas-Rhin, puis à Pont-Gibaud, dans le Puy-de-Dôme. C'est là qu'il avait pris le goût de ces études et de ces courses géologiques, à qui la science et la pratique durent plus tard, à cause de lui, une partie de leur avancement. C'est, qu'en effet, en explorant les contrées où ses recherches le guidaient, il découvrit en partie les secrets du classement des roches et des influences qui les modifient. Mais là ne se bornaient pas ses études, Fournet portait son attention sur tout ce qu'il rencontrait dans ses explorations, et qui pouvait se rattacher directement ou indirectement à l'allure des terrains où il passait, aussi fut-il à la fois géologue, minéralogiste, météorologiste, métallurgiste et hydrographe.

Comme les travaux de Fournet ont eu et auront encore longtemps une influence sur les recherches pratiques de mines et les études des terrains, tant au point de vue scientifique qu'industriel, nous en résumerons ici les principaux caractères.

En géologie, ce savant s'est distingué par une théorie nouvelle de la distribution des terrains houillers en France, et qui ont permis de démontrer, après vingt ans de recherches et de persévérance, la continuité en France, en Belgique et en Angleterre, de la formation houillère. Une des conséquences industrielles des travaux de Fournet, fut la constatation des couches de charbon du bassin du Creusot avec celui de Blanzy et la liaison du gîte charbonneux de Ternay et Communay avec le bassin de Givors et Saint-Etienne.

Ses vues nouvelles sur la formation des filons métalliques et des granites, comme roches éruptives, sont adoptées aujourd'hui et ont fait corriger un certain nombre d'inexactitudes commises primitivement sous ce point de vue, dans la carte géologique de France. La théorie du *métamorphisme* des roches, c'est-à-dire de leur transformation apparente par l'action des éléments extérieurs, soit chaleur, soit humidité, etc., est une des conséquences des travaux du savant Lyonnais.

En météorologie, Fournet fut opposé à Arago, pour le principe des influences locales. Ses recherches sur la pluie de terre tombée en 1846, dans le bassin du Rhône, et qu'il put suivre depuis le golfe du Mexique jusqu'à la Mer Noire, ont prouvé que, dans la plupart des phénomènes de cette nature, on doit voir de grands effets se propageant à d'énormes distances.

Comme hydrographe, ses recherches l'ont amené à démontrer l'existence du Rhône souterrain, et grâce à ces nappes cachées, de doter la ville de Lyon d'une abondante fourniture d'eau, puisée à cette source plutôt qu'amenée des rivières voisines : c'est sur ces indications qu'a été construite la grande colonne hydraulique et les immenses bassins situés sur les hauteurs de la Croix-Rousse, qui déversent l'eau dans tous les quartiers de la Cité lyonnaise et de ses environs.

En minéralogie, Fournet a porté son attention sur les transformations épigéniques qui se manifestent aux affleurements des filons, et là métallurgie lui doit d'importants perfectionnements, dans le traitement des minerais de plomb. Ses études sur ce dernier sujet l'ont conduit à établir l'ordre précis de sulfurabilité des métaux, que les métallurgistes allemands désignent encore sous le nom de *Loi de Fournet*.

Ce dont il faut tenir grand compte à ce savant, et qui n'est pas ordinaire aux hommes à positions officielles, c'est que tous ses travaux, ses recherches, ses voyages, etc., étaient entrepris à ses frais personnels, sans subvention ni mission d'aucun gouvernement. La ville de Lyon, dans son établissement de la Faculté des Sciences, a recueilli, de ces pérégrinations constantes, une collection des plus importantes et des plus précieuses pour la géologie en général, ou de nombreux spécimens, uniques en ce genre, peuvent montrer les rapprochements particuliers et spéciaux qui existent entre les roches des différentes contrées, pour des terrains de même nature, et dès lors permettre de généraliser des allures précises pour une grande quantité de formations.

Les travaux de Fournet sont épars dans divers recueils scientifiques, tels que les comptes-rendus de l'Académie des Sciences, la Société d'Agriculture, Arts et Belles-Lettres de Lyon, le Bulletin de la Société géologique de France, etc. Toutefois, on a de lui, en livres terminés : 1° la *Théorie houillère et l'extension des terrains houillers de France;* 2° la *Géologie lyonnaise;* 3° l'*Influence du mineur sur la civilisation;* 4° la *Théorie des gîtes métallifères;* 5° l'*Orographie et la Météorologie du Rhône.*

Fournet était correspondant de l'Académie des Sciences, officier de la Légion d'honneur et de l'Ordre des Saints Maurice et Lazare d'Italie, et membre de beaucoup de Sociétés savantes de la France et de l'Étranger.

INDUSTRIE DE LA DISTILLATION DES ALCOOLS

LES APPAREILS SAVALLE

Es agriculteurs ont reconnu aujourd'hui que la distillerie est un puissant auxiliaire de l'industrie agricole. En effet, soit que cette opération se pratique dans la ferme, soit qu'elle se fasse au dehors, elle fournit par ses résidus une nourriture très-économique et très-apte à l'engraissement du bétail, tout en procurant des produits très-importants comme but principal. Que de contrées arides ont été rendues fertiles et florissantes par l'installation des distilleries ? les terrains pouvant recevoir, grâce à son aide, un maximum de production et de revenu. Le mouvement a été même général en ce sens, et l'on a vu en Allemagne, en Angleterre, les grands propriétaires monter des établissements dont les résultats ont donné une prospérité immense à ces pays, au point de vue agricole. Comme la distillation continue à prendre chaque jour de l'extension, qu'elle ne s'arrête même pas, malgré les impôts croissants dont quelques Etats la chargent, on peut dire que son avenir est dans la règle du progrès, et l'on ne peut que pousser vers ce but. C'est qu'en effet cette industrie a pour caractère essentiel d'extraire des produits, d'une valeur assez grande, de matières premières qui restaient sans emploi, et de rendre, pour la fertilité du sol, des substances précieuses que l'on n'utilisait pas en ce sens.

Parmi les appareils de distillation qui sont reconnus, par la pratique, comme fournissant d'excellents résultats, on doit citer ceux qui ont été inventés et perfectionnés par la Maison SAVALLE.

Une preuve de ce que nous avançons, sans tenir compte des années précédentes, c'est que, malgré la guerre récente que la France a eue à supporter, et les circonstances difficiles qui en ont été la suite pour l'industrie nationale, cette maison a vendu et livré en 1871, 29 appareils dont 17 rectificateurs et 12 colonnes distillatoires. Un des plus grands éloges que l'on puisse faire de ces appareils, c'est que sur ces **29** instruments, **15** fonctionnent en France, **4** en Italie, **3** à la Martinique, **1** en Belgique, **1** en Hollande, **1** dans le Grand-Duché de Luxembourg; puis **1** en Autriche, **1** en Espagne, **1** à la Trinité et **1** à l'Ile Maurice.

La figure ci-dessous donne le détail et la disposition d'un de ces appareils perfectionnés, tel qu'il a été monté récemment dans l'usine des Moëres françaises, chez M. René Colette, pour travailler 250,000 kilogs de betteraves par jour.

Colonne distillatoire Savalle.

A est une colonne distillatoire rectangulaire en fonte de fer, qui se compose du soubassement, de vingt-cinq tronçons munis de regards et de la couverture, le tout maintenu par dix boulons à chaque joint. — *B*, brise-mousses, retournant à la colonne les mousses et les matières entraînées par le courant de vapeur se rendant de la colonne au chauffe-vins. — *C*, chauffe-vins tubulaire. — *D*, réfrigérant tubulaire à compartiments intérieurs. — *E*, éprouvette graduée, pour l'écoulement des flegmes. — *F*, régulateur de chauffage de l'appareil. — *G*, serpentin fournissant une épreuve continue de l'épuisement des vinasses qui sortent de l'appareil. Un pèse-flegmes à degrés très-écartés indique cet épuisement dans la petite éprouvette *n*. — *H*, second brise-mousses où passent les vapeurs sortant du chauffe-vins après l'épuisement complet de la colonne. Les mousses entraînées retournent à la colonne par le tuyau *s* et les vapeurs d'alcool se rendent au réfrigérant par le tube *t*. — *i*, tuyau conduisant les vapeurs de chauffage, de la soupape du régulateur à l'appareil. — *j*, tuyau de pression de la mousse au régulateur. — *k*, *l*, tuyaux conduisant les vapeurs alcooliques de la mousse au brise-mousses et au chauffe-vins. — *m*, tuyau d'alimentation des jus fermentés vers le chauffe-vins. — *n*, tuyau d'eau froide. — 1, soupape

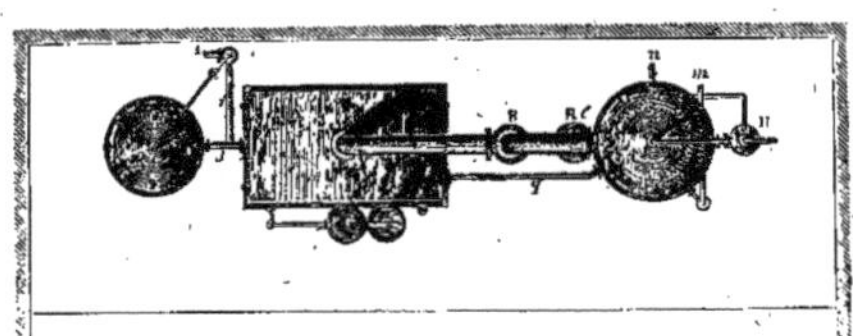

Plan de la colonne distillatoire.

de vapeur de chauffage. — 2, robinet des jus fermentés. — 3, robinet d'eau froide. — 4 robinet des vapeurs sortant des vinasses pour se rendre au serpentin d'épreuve. — 5, niveau d'eau du soubassement de la colonne. — 6, robinet d'eau froide servant le serpentin d'épreuve.

Par cette description sommaire de l'appareil Savalle, on voit que les contacts sont tellement multipliés et les surfaces si renouvelées, qu'il y a utilisation presque complète de tout le calorique produit par le combustible, en même temps qu'un épuisement absolu des liquides alcooliques.

L'adoption qui se généralise chaque jour, parmi tous les distillateurs, pour les appareils Savalle, tient à ce que, grâce à leur excellent fonctionnement, on a pu réaliser un progrès immense qui n'a pas peu contribué à la prospérité de ce genre d'industrie. En effet, tandis que par les autres appareils les plus perfectionnés, on ne pouvait obtenir par jour que deux pipes de trois-six, ceux-ci donnent journellement 25 pipes. C'est donc une augmentation de produits, et par contre un prix de revient diminué, et une qualité de beaucoup améliorée.

Nous n'avons qu'une chose à ajouter en terminant cette description, c'est que la maison D. Savalle fils et Cie, avenue du Général-Uhrich, 64, à Paris, tient à la disposition des personnes intéressées une Notice où se trouvent le prix des appareils de rectification des alcools, et des renseignements nombreux sur l'établissement et le fonctionnement des distilleries de betteraves, de grains ou de mélasses, afin de permettre aux industriels de s'édifier convenablement sur la valeur et la perfection de leurs appareils.

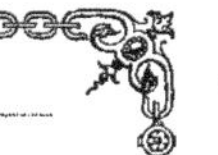

INDUSTRIE DES ARTS PHYSIQUES ET INSTRUMENTS

DE

PRECISION

Léon FOUCAULT

N bien petit nombre d'hommes, eu égard au peu de temps qu'ils ont vécu, ont laissé autant de travaux importants et d'inventions fertiles en avenir pour l'industrie, que Léon Foucault. Si la lumière électrique, en effet, guide vers nos ports les vaisseaux qui traversent les mers, si la photographie est arrivée à fixer ses images, si la vitesse de la lumière a pu être mesurée, si l'argenture des miroirs optiques a été sérieusement appliquée à l'astronomie, si l'on a pu rendre expérimentale la conversion du travail mécanique en chaleur, si la fabrication des télescopes est arrivée à un degré de précision et de netteté voulues, si le mouvement de la rotation de la terre a pu être rendu évident aux yeux de tous, si la microscopie et la photographie électriques ont pris naissance, si l'on a pu suivre et fixer pour ainsi dire la lumière solaire pour les expériences de physique et d'astronomie, etc., c'est grâce aux recherches de ce physicien aussi distingué que modeste, et que la France a perdu naguère, à 49 ans, c'est-à-dire dans un âge où l'homme est généralement dans la force de l'intelligence et la plénitude de sa supériorité. Né à Paris en 1819, Léon Foucault, fils d'un libraire, commença, comme tous les hommes qui se sont élevés avec leur seule force de talent, par sentir le besoin du travail ; aussi, pour se créer une position, le voyons-nous se livrer à l'étude de la médecine, donner des leçons et apprendre quelquefois dans les ateliers, les diverses manipulations du tour et de la mécanique de précision. C'est à la suite de ces travaux divers qu'il prit le goût de la physique et des sciences d'observation, dont il n'éleva si haut.

le niveau que grâce à son habileté manuelle, car il exécutait lui-même en partie les instruments qu'il inventait pour ses recherches.

Laissant de côté, par rapport au but spécial du *Livre d'Or*, les mémoires scientifiques du savant, nous rappellerons quelques-uns des principaux appareils de Foucault, qui se rapportent plus particulièrement aux perfectionnements des arts industriels, sous le point de vue de la physique expérimentale et des instruments de précision.

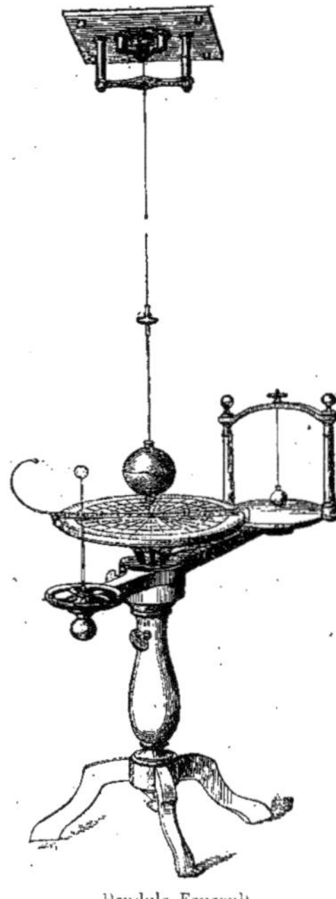

Pendule Foucault

En première ligne, nous placerons son régulateur de la lumière électrique, qui fonctionne aux phares du Cap de la Hève, près le Havre; à Boulogne-sur-Mer, etc.; qui a permis l'achèvement des travaux du Louvre; qui a servi à la traversée du *Saint-Laurent* à travers l'Océan, etc., etc., et qui est établi d'une manière permanente dans les machines de la Compagnie de l'*Alliance;* dans les éclairages électriques ordinaires; pour la transmission des dépêches par pigeons, pendant le siége de Paris, etc.

Tout le monde sait que la lumière que fournit l'arc voltaïque présente l'inconvénient de ne pas conserver la continuité d'éclat que l'on rencontre dans les autres lumières. Cela tient à ce que les charbons s'usant rapidement, l'intervalle qui les sépare augmente de plus en plus et, par suite, l'intensité du courant décroissant, elle finit par diminuer puis par s'arrêter. Pour obvier à ce défaut, Foucault construisit un régulateur qui rapprochait les charbons peu à peu, à mesure que l'électricité diminuait, et cela à l'aide de mouvements d'horlogerie dont le détail se comprend par l'inspection du mécanisme et des rouages qui servent à le faire mouvoir. Cet appareil se construit aujourd'hui d'une manière courante dans les ateliers de M. J. Duboscq.

Un autre des grands appareils de Foucault, qui ont passionné le public en 1851, et au Palais de l'Industrie en 1855, fut celui de la démonstration de la rotation de la terre au Panthéon, par le mouvement d'un pendule suspendu librement à la voûte de l'édifice. On fait aujourd'hui un appareil classique, qui représente, en petit, à l'usage de l'instruction des étudiants, les principes de cette démonstration, et qui donne l'idée du principe réalisé à cet effet par Foucault : Une suspension bien établie se place au plafond d'une salle d'étude, et on y attache un pendule de 2 à 3 mètres de long, qui vient osciller au-dessus d'un guéridon où sont tracées des lignes spéciales; les écarts d'oscillation du pendule par rapport au point de départ, servent à montrer l'évidence du mouvement d'oscillation. Cet appareil, muni de notes et d'instructions scientifiques pour en tirer des déductions physiques, est construit pour les lycées, etc., par la maison Deleuil.

L'héliostat construit par Foucault a spécialement pour objet d'exécuter dans des conditions d'une extrême stabilité, les fonctions nécessaires pour diriger d'une manière précise des miroirs d'une grande dimension. Dans cet instrument, le miroir qui peut avoir jusqu'à 80 centimètres de long sur 40 de large, a pour support une colonne verticale sur laquelle il repose par l'intermédiaire d'un disque monté à la manière du miroir de S'Gravesande; le miroir appliqué sur ce disque peut tourner dans son propre plan autour de leur centre commun, en sorte qu'il possède les trois mouvements qui permettent à un corps de prendre toutes les positions autour d'un point central. Ce miroir est en outre armé à son revers d'une tige normale et d'une coulisse parallèles à sa plus grande longueur, qui le mettent en relation avec le rouage moteur. Ce dernier, monté à part, agit par un axe incliné à la latitude du lieu et au moyen d'une aiguille dont les extrémités se relient à la tige normale et à la coulisse parallèle. Par cette disposition, on est arrivé à donner au miroir la faculté de s'orienter dans le plan de réflexion, sans rien sacrifier à la stabilité.

Héliostat Foucault.

Nous ne parlerons que pour mémoire du *Modérateur isochrone à force centrifuge* du même savant, où nous engageons les industriels à puiser des applications spéciales pour la régularisation des moteurs industriels ; il en est de même des *Recherches de la polarisation chromatique produite par les lames cristallisées*, des *Interférences des rayons calorifiques*, des *Phénomènes de la vision binoculaire*, de la *Recomposition des couleurs du spectre en teintes plates*, du *Polarisateur en spath d'Islande*, etc., du même auteur, où beaucoup de nos constructeurs d'instruments d'optique pourront trouver des éléments précieux de nouveaux appareils de science et d'industrie.

Ce qui a fait le grand mérite de Foucault, c'est son originalité en matière de travail et d'invention. Aucune de nos écoles scientifiques ne l'avait formé, aucun maître ne l'avait guidé, aucune théorie, aucune formule toute faite, par conséquent, ne s'était imposée à son esprit, aussi est-on sûr de trouver dans ses mémoires des idées neuves et pures, permettant d'aborder des solutions de problèmes les plus divers.

Foucault avait reçu la grande médaille d'or de Copley, la plus haute distinction scientifique que l'Angleterre puisse donner à un savant. Il était commandeur de la Légion d'honneur, membre de l'Académie des Sciences, et physicien de l'Observatoire de Paris et du Bureau des Longitudes. Ceux qui ont suivi ses travaux, tant à l'atelier qu'au laboratoire, peuvent dire que longtemps les Sciences, les Arts et l'Industrie marqueront Foucault au nombre des principaux génies qui les ont illustrés.

Rue de la Marine à Alger.

INDUSTRIE GÉNÉRALE DES COLONIES FRANÇAISES

L'ALGÉRIE

Hacun le sait, l'Algérie est la plus grande et la plus importante des colonies françaises, tant par l'étendue de son territoire que par les productions qu'elle est susceptible de fournir. Sa conquête et sa colonisation, cependant, n'avaient pas encore donné jusqu'à ce jour les résultats désirés, parce que, eu égard peut-être à des nécessités spéciales au point de vue militaire, son organisation administrative avait peu favorisé le commerce et l'industrie. Mais le temps, les réformes, la paix et le travail aidant, cette contrée s'est peu à peu développée, a pris le rang qui lui paraît assigné, et en est venue enfin, aujourd'hui, à se mesurer à l'Exposition de Lyon avec les départements du sol français, c'est-à-dire qu'elle est aussi entrée dans la voie de l'initiative privée, en apportant à la mère-Patrie le fruit de ses efforts personnels et assidus.

Puisque le *Livre d'Or* a pour mission de désigner à la reconnaissance publique et au souvenir des générations futures le nom des bienfaiteurs de l'industrie, il doit inscrire pour cette contrée celui du maréchal de Mac-Mahon, qui, étant Gouverneur de l'Algérie, a conduit tous les efforts de son administration dans cette voie de prospérité commerciale, et a demandé pour ce pays une place spéciale dans les galeries de l'Exposition de Lyon.

N'est-ce pas en effet sous l'administration et par les soins éclairés du maréchal de Mac-Mahon, qu'eut lieu l'application du décret de la Constitution nationale française de l'Algérie et de la naturalisation des indigènes? N'est-ce pas par ses avis et ses conseils qu'on sut amener plus facilement la division industrielle du pays, entre l'Arabe et le Colon, en donnant à l'un les cultures du sol, et à l'autre l'exploitation intellectuelle des richesses de la contrée?

Les chemins de fer de l'Algérie, la banque Fremy et Talabot, l'exploitation des mines, la construction des voies de communication, le défrichement des terres, le reboisement des montagnes, le dessèchement des marais, enfin tous ces travaux publics qui ont permis à l'industrie privée de grandir et d'amener la colonie à la production lucrative que nous lui voyons exposer en ce moment. Puisque grâce au système qu'a pu appliquer si intelligemment le maréchal de Mac-Mahon, on a pu entrevoir un terme aux guerres et aux passions hostiles des anciens habitants, réaliser la satisfaction des intérêts des émigrants, développer les éléments florissants du sol, et créer un mouvement industriel et commercial en Algérie, continuons donc cette œuvre commencée, inspirons-nous de ce qui a été fait par cette sage et clairvoyante administration, et menons à bonne fin ces premiers débuts, pour qu'un jour nous puissions faire comprendre avec orgueil que la France et la civilisation n'ont qu'un même but : celui de la prospérité et du bonheur des peuples.

Afin de bien faire comprendre aux industriels la valeur des produits que l'Algérie peut nous offrir, en continuant d'en développer les efforts, disons quelques mots des ressources qu'elle est susceptible de présenter.

Comprise entre le 32me et le 37me degré de latitude septentrionale, le 6me degré de longitude orientale, l'Algérie embrasse ainsi une superficie d'environ 30,000 lieues carrées, c'est-à-dire des $^3/_4$ de celle de la France. Son climat est généralement chaud, mais il est modifié par la constitution physique du pays ; ainsi, dans les plaines basses et sablonneuses du midi, la température est élevée ; dans les montagnes et les plateaux elle l'est beaucoup moins. Les productions naturelles sont en conséquence en raison directe de ses alternatives.

On rencontre en Algérie à peu près toutes les formations géologiques, cependant les terrains calcaires dominent et composent la presque totalité du sol et du sous-sol.

Au point de vue minéralogique, les minerais de fer et le fer oligiste, surtout, se montrent sur un très-grand nombre de points, parmi lesquels on cite particulièrement les environs de Blidah, le Mouzaïa, la rive droite de la haute Chiffa, le mont Zaccar, le territoire de Ténès, la contrée qui environne Bougie, Philippeville, Bône, etc. On rencontre, auprès du Mouzaïa, de riches mines de cuivre ; aux environs de Ténès, il y a des filons de cuivre pyriteux. Un autre gisement dans la province de Constantine présente un bel affleurement de cuivre carbonaté. A Aïn-Barbar on en trouve également. Les mines de plomb du mont Bou-Fhaled sont tellement riches que, dans les mains inexpérimentées des indigènes, elles produisent encore 80 % de plomb. Le gîte de Kaf-oun-Theboul, au Sud-Est de La Calle, est très-riche en argent. La chaîne du Boudja-Rack au-dessus d'Alger, le cap Coxine, les environs de Ténès, etc., présentent d'importantes mines de plomb argentifère, ainsi que les abords d'Oran.

Le manganèse se montre dans les environs d'Alger, de Blidah. L'antimoine se trouve au mont Métaïa et dans la province de Constantine.

La Numidie avait un marbre célèbre que l'on retrouve au Sétif ; près de Constantine, on exploite des marbres jaspés très-recherchés ; sur une foule de points, on rencontre des carrières antiques dans

Le Maréchal de Mac-Mahon.

lesquelles il est facile d'observer la forme, le nombre et la disposition des entailles que les Romains creusaient pour en détacher d'énormes blocs qui caractérisaient leurs constructions. Le plâtre abonde en Algérie; on en signale quinze gisements aux portes d'Alger seulement. Les pierres à chaux hydraulique, les ciments naturels se trouvent aussi en abondance sur beaucoup de points; les argiles existent partout, et parmi celles qui sont employées à la fabrication des poteries grossières, on doit citer l'argile rouge fine de Milah, près de Constantine, qui est très-recherchée.

A trois heures de Constantine existe le sel gemme; il en est de même aux environs de Bougie et d'Oran, le salpêtre s'extrait des terres de la Mouzaïa, et l'on signale des mines de lignite à Ténès et au camp de Smendon.

Gisement de cuivre aux environs de Constantine.

Au point de vue agricole, on doit remarquer les productions avantageuses du blé et de l'orge, car sans presque aucune culture, ces céréales donnent 12 à 20 hectolitres par hectare. La plupart des légumes d'Europe réussissent parfaitement en Algérie : le coton, la garance, le tabac, l'œillette se sont acclimatés à un tel point, que le succès est promis à tous les agriculteurs qui veulent bien en entreprendre la culture.

Si nous voulions énumérer la flore arabe, il nous faudrait citer de trop longues listes de plantes pour la donner complète, nous noterons cependant les catalpa, les balisiers, les lantana, les poiriers à grappe, les datura, les plantes bulbeuses comme les tubéreuses, les narcisses, les lys, l'asphodèle, etc., qui décorent les jardins des plaines basses, tandis que, dans les vergers les grenadiers, les orangers,

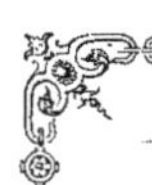

les citronniers, les pêchers, les jujubiers, les abricotiers, les amandiers, les figuiers, les poiriers, les pruniers, les vignes grimpantes, les merisiers s'élèvent à côté des palmiers, des eucalyptus, des bananiers, des goyaviers, etc.

L'un des végétaux qui paraît avoir le plus de prédilection pour la terre d'Afrique est l'olivier : sa culture promet donc pour l'avenir de créer l'industrie des huiles dans notre grande colonie.

Les forêts de l'Algérie, abandonnées depuis plusieurs siècles aux ravages des Arabes, ont été replantées sous l'administration du maréchal de Mac-Mahon, et laissent entrevoir de grands bénéfices

Le Bananier ensète.

pour un temps relativement prochain. Malgré ces désastres forestiers, on doit cependant regarder encore comme susceptibles d'exploitation immédiate les masses des bois de Mazafran, de Boudouaou, de Karivas, d'Aïn-Telezid, toutes situées aux environs d'Alger et de Blidah : les forêts de Ténès, de Beni-Mesacer, de Soumata, d'Oued-Derder, d'Ouarensensis, de La Calle, d'Edough, au-dessus de Bône, celles de Zerannet, du Fifila, de Philippeville, de Hannenche, de Bou-Taleb, près Constantine, de Muley-Ismaël, d'Ensila, de

Habra, de Maktr, de Saïda, de Daye, de Tlemcen, etc.; on voit que ces ressources montrent encore de nombreux hectares vierges sur beaucoup de points, etc.; en effet, sur 800,000 hectares que l'on suppose, la moitié peut encore être exploitée avec profit. Les essences principales de ces forêts sont le chêne-liége, le chêne-vert, le chêne Zéen, le chêne à glands doux, le cèdre, le pin d'Alep, le pistachier, le genévrier, le lentisque, le thuya, l'olivier, le tamarin, l'orme et le frêne. Enfin les arbres résineux de toutes les espèces y sont très-nombreux.

Outre le bétail que l'on élève dans les villes et les villages, les Arabes ont des troupeaux considérables de bœufs, de moutons, de chèvres et de chameaux; le gros bétail est, il est vrai, d'une petite espèce, mais les brebis et les chèvres y suppléent par une grande abondance de lait. Le cheval est d'une race très-recherchée et promet, si l'on pousse son élevage, des ressources immenses.

En 1852, on évaluait l'étendue du sol cultivé en céréales par les européens et les indigènes, dans les territoires de colonisation, à 155,721 hectares, la récolte à 1,643,170 hectolitres, et la valeur des cultures à 15,771,000 francs, aujourd'hui elle a triplé : de plus, en tenant compte des productions faites par les tribus, du tabac, de la soie, du coton, etc., c'est par centaines de millions qu'il faut évaluer les recettes de l'Algérie entière.

L'industrie manufacturière a pris, dans ces dernières années, de grands développements, que nous examinerons dans d'autres articles, car en ce moment nous n'avons voulu qu'esquisser à grands traits la valeur des produits du sol de notre grande colonie, appeler sur elle l'attention très-sérieuse des industriels, afin de faire voir combien sera lucrative toute continuation d'exploitation que l'on ferait dans une contrée si neuve et si pleine d'espérances, et qui est aujourd'hui à la veille de faire réaliser de grands bénéfices à quiconque voudra lui donner des soins et des efforts intelligents et assidus.

INDUSTRIE DE LA PARFUMERIE

NICE & SES ENVIRONS

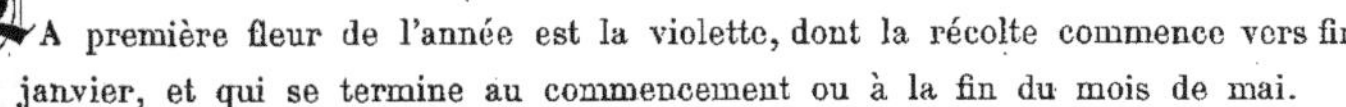

LA première fleur de l'année est la violette, dont la récolte commence vers fin janvier, et qui se termine au commencement ou à la fin du mois de mai.

La violette de Nice a acquis une renommée tellement supérieure à toute autre, que le territoire qui circonscrit la ville ne suffit plus depuis longtemps à sa culture, et qu'on en trouve maintenant depuis Jaggia en Italie, Drap, au nord de Nice, et jusqu'à Vence ; ce dernier pays en a produit cette année pour une valeur de 200,000 francs. Deux cent mille francs de fleurs de violette pour la parfumerie, dans une seule localité, c'est un chiffre respectable déjà ; cependant on en augmente encore la culture. Après le travail de la violette, vient la récolte de la fleur d'oranger.

Nice possède un marché pour cette fleur ; mais il n'est fréquenté que par un nombre très-restreint de parfumeurs ; on donne généralement la préférence à la fleur qu'on apporte directement des propriétés aussitôt après la cueillette. Il y a des jours où l'on récolte à Nice et ses environs plus de 100,000 kilos.

La rose paraît ensuite : elle se cueille chaque matin, en champs, à Nice, mais surtout dans les environs de Cannes, La Calle, Saint-Jeannet, Saint-Paul, etc. On estime la consommation des roses à Nice, pendant le mois de mai, à environ 100,000 kilos.

Immédiatement après la floraison de fleurs d'oranger, le cultivateur intelligent commence à tailler l'oranger ; les feuilles ont une valeur de 12 à 20 francs les 100 kilos. On les distille et l'on en obtient l'essence *Petitgrain*, ingrédient important dans la fabrication de l'eau de Cologne ; mais de moindre valeur cependant que l'essence de *Néroli* ou l'essence de fleurs d'oranger.

La lavande, le thym, la menthe, ainsi que le géranium rosat, se distillent au mois d'août.

Les jasmins et les tubéreuses se récoltent du 15 juillet au 15 octobre et sont les fleurs les plus délicates que le parfumeur ait à traiter ; on les cueille au jour le jour, immédiatement après la floraison ; pendant les époques où les fleurs sont mouillées, on ne les emploie pas.

La récolte des cassies s'opère de septembre à fin novembre ; les premières fleurs cueillies ont

Nice.

cependant une plus forte valeur. La cassie possède un peu de l'odeur de la violette ; les fabricants d'articles à bon marché remplacent la violette par la cassie dans les produits ordinaires.

En novembre et décembre, on cueille les oranges amères dont on fait l'essence *Bigarade* ; on les pèle, parce que les zestes sont recherchés et utilisés par les fabricants de liqueurs, plus particulièrement pour fabriquer le curaçao. L'intérieur du fruit se vend aux pâtres, qui le coupent et le mélangent avec du son ; cette nourriture, dont les vaches sont très-friandes, leur fait rendre plus de lait. Les fruits d'oranges douces, qui se récoltent en décembre, subissent la même opération que les oranges amères : leur essence se nomme essence de *Portugal*, et s'emploie beaucoup dans l'eau de Cologne, ainsi que pour les eaux dites de Portugal.

La fonte et l'épuration des graisses occupent du 1er novembre à la fin février. Ces produits ne sont pas encore livrables dans cet état pour le public ; ils passent dans les mains des parfumeurs, dont Paris possède des maisons d'une importance considérable et d'une réputation universelle, et qui auront leur place dans le *Livre d'Or*.

4ᵉ LIVRAISON.

INDUSTRIE DES ARTS CHIMIQUES

SAVONNERIE

SIRANDRÉ Frères, Fabricants à Dijon (Côte-d'Or)

DISTINCTIONS OBTENUES AVANT L'EXPOSITION DE LYON

Mention à la Société d'Encouragement de Paris ;　　Médaille à l'Exposition universelle de Paris, 1867 ;
Médaille à l'Exposition de Dijon, 1858 ;　　　　　　Médaille à l'Exposition du Havre 1868.

LA fabrication de la savonnerie est l'une des plus florissantes de notre pays et elle apporte, partout où elle s'installe, la prospérité, l'aisance et le bonheur; aussi les populations chez lesquelles de pareilles usines sont en activité doivent-elles avoir une grande reconnaissance pour les industriels qui ont monté, les premiers, ce genre de travail parce, que grâce à ce commerce, ils ont amené dans les contrées la plus grande activité et les plus nombreuses affaires. La ville de Dijon est dans ce cas et, sous ce rapport, elle doit se souvenir que la première fabrique de savon qui s'est installée dans ses murs a été créée par MM. SIRANDRÉ frères, en 1855. Par le développement successif de leurs affaires, par les nombreux perfectionnements que ces industriels ont constamment apportés à leur fabrication, ils ont donné un tel élan à cette branche d'industrie, que d'autres usines se sont montées peu à peu dans les environs ou à leurs côtés, ce qui a aussi donné lieu par la suite à des exploitations de matières premières ou de dérivés qui en sont la conséquence, et qui enfin a constitué dans cette localité une série d'industries nouvelles, que la nature même de la contrée ne semblait pas devoir y appeler.

Il serait trop long de rappeler ici le courage de MM. Sirandré frères, qui, d'abord simples ouvriers, ont monté de leurs mains et avec de minimes ressources, les premiers appareils de leur savonnerie, et qui, travaillant sans cesse par eux-mêmes, ont successivement amené leur maison, non pas seulement à égaler les établissements rivaux des autres endroits de la France ou de l'étranger, mais à lutter contre eux et à les dépasser encore sur beaucoup de points. Le commerce des savons, en effet, doit se souvenir que c'est grâce aux efforts de MM. Sirandré que l'on doit la pratique rationnelle des méthodes de fabrication des savons par *empâtage*, la substitution des *soudes caustiques* aux anciennes lessives des savonniers, les *variétés de marbrures du savon* (rouge, bleu, etc.), l'*introduction des huiles de palme* et du suif dans les savons de consommation journalière, etc., et enfin la *simplification du travail* en fabrique. Pour bien faire comprendre la partie des perfectionnements que ces industriels ont introduits dans

M. L. Sirandré.

leur usine, qu'on jette un coup-d'œil sur la fabrication telle qu'elle s'opère dans les grandes usines de Marseille ou de Rouen, et l'on verra de suite combien les méthodes de MM. Sirandré ont changé cette industrie, stationnaire presque partout.

A Marseille, en effet, l'on opère d'abord en formant des lessives alcalines : pour cela on concasse de la soude brute, et on la mélange avec le tiers environ de chaux vive ; puis on dépose ces matières sur un lit de paille, dans des cuviers à double fond, et on introduit de l'eau à plusieurs reprises, que l'on soutire à la fin. En second lieu, dans des chaudières ayant la forme d'un tronc de cône renversé, on met en ébullition la lessive, et on y verse ensuite de l'huile : par l'effet de la chaleur, le corps gras

perd sa transparence, se prend en pâte liquide, que l'on sépare en y ajoutant de nouvelles lessives et du sel marin : pendant tout le temps de la cuisson, des ouvriers remuent continuellement avec de grands *rables*, pour faciliter les combinaisons de l'huile avec la liqueur alcaline. Quand le degré de cuisson est obtenu, on soutire les liquides que l'on passe dans une seconde chaudière avec une nouvelle eau salée. Lorsqu'une seconde ébullition a été produite, on recueille le savon qui s'est élevé à la partie supérieure de la chaudière et on le liquéfie. Cette nouvelle opération consiste à le redissoudre pour le purifier. C'est là un travail pénible de longue durée, à cause de l'état épais de la pâte : on l'exécute en brassant continuellement la masse avec un rable, en même temps que l'on y incorpore de nouvelles quantités de lessive. Des ouvriers, pieds nus et debout sur le milieu d'une forte planche placée en travers sur la chaudière, sont chargés de ce travail dangereux. Quand on juge le savon terminé, on presse la pâte à l'aide d'augettes spéciales, et on la coule dans des moules ou *mises*, qui ont de très-grandes dimensions et où elle se refroidit : finalement on la découpe et on l'encaisse.

Chez MM. Sirandré, rien de tout cela ; pas de manipulations dangereuses, pas d'opérations compliquées, pas de sel marin, pas de doubles cuissons ni de liquéfactions, etc. Les lessives, une fois obtenues par la simple ébullition de proportions déterminées de soude caustique avec de l'eau bouillante, reçoivent dans la même chaudière, la quantité voulue de corps gras (huiles, etc.); après une coction convenable, la pâte est terminée et coulée au moyen de robinets placés au bas de la chaudière, dans de grandes caisses articulées en bois, où le savon se refroidit. Quand la pâte est devenue ferme et froide, on ouvre les caisses, et l'on a des blocs de savon que l'on découpe ensuite, et que l'on moule pour les caisses d'emballage, etc. Dans l'usine, tout se fait mécaniquement; dès lors, point ou peu de main-d'œuvre, et par conséquent pas de dangers pour les ouvriers, et économie dans la fabrication. De si grands efforts d'installation de la part de MM. Sirandré frères ont été la cause du succès de leur maison; aussi leur chiffre de commerce s'est-il élevé rapidement et leur établissement produit-il annuellement de 2,500,000 à 3,000,000 de kilogr. de savons, dont la marque est appréciée aussi bien en France qu'à l'étranger, tant à cause de la pureté et de la perfection du produit, que des prix aussi peu élevés que possible.

Ajoutons en terminant que, mus par une pensée honorable, aussi digne que bien comprise, MM. Sirandré frères, se souvenant toujours et se glorifiant même à juste titre de leur première condition d'ouvriers, ont toujours eu à cœur de rendre le travail aussi profitable à l'ouvrier qu'au patron, et dans ce but ont créé, soit dans l'intérieur, soit à l'extérieur de leur fabrique, toutes les facilités possibles, pour que les 80 ou 100 personnes employées directement ou indirectement à l'usine, aient toujours un salaire rémunérateur, une aisance convenable, et une occupation assidue. Cette manière d'agir a porté des fruits de reconnaissance et d'estime tels, de la part des ouvriers de la fabrique, qu'à la mort de l'un des frères Sirandré, et à l'attaque de l'usine, lors de la prise de Dijon par les Prussiens en 1870, un deuil général s'était emparé de la population du quartier, qui croyait perdre avec eux son appui et son bonheur. Aujourd'hui, M. L. Sirandré, n'écoutant que son courage et son bon cœur, a continué les affaires et donné à l'usine une activité qu'elle n'avait pas encore eue, en doublant la fabrication courante, et en augmentant par de nouveaux bâtiments les anciennes constructions de la fabrique.

INDUSTRIE DES ARTS MÉCANIQUES

MACHINES HERMANN-LACHAPELLE

Aรมі les premiers constructeurs français qui ont reconnu l'application des machines à vapeur à la petite et moyenne industrie, on doit placer à l'un des premiers rangs, sans contredit, M. HERMANN-LACHAPELLE (constructeur, 44, faubourg Poissonnière, Paris), qui, depuis 25 ans, s'est appliqué spécialement à fournir des moteurs demandant peu d'emplacement, simples, solides, et en même temps facilement transportables. Parmi les différents modèles que cet ingénieur a construits, l'on doit surtout remarquer les *machines à vapeur verticales* à chaudières non tubulaires avec bouilleurs, et à foyer intérieur, montées sur socle-bâti isolateur. Tous les industriels qui emploient ce système, savent aujourd'hui que ces machines réalisent, par leurs dispositions et leur construction spéciales, tous les perfectionnements reconnus désirables par les hommes les plus compétents, et possibles dans l'état actuel de la science et de l'industrie. Ce sont aussi les seules qui répondent d'une manière complète aux nécessités de la moyenne industrie, et au progrès que l'on devait chercher à réaliser dans la construction des machines portatives ou locomobiles, et qui se résume ainsi : isolement de la chaudière, cylindre à enveloppe et à circulation de vapeur, détente variable et échauffement de l'eau d'alimentation par la vapeur d'échappement. Toutes les Expositions ont vu, à cause de cela, récompenser d'une manière éclatante les efforts de M. Hermann-Lachapelle, et ses machines aussi ont remporté les plus hautes distinctions accordées par les jurys. Mais il était réservé à l'Exposition de Lyon de voir figurer, d'une manière spéciale, une autre invention complète de cet ingénieur : c'est celle des *pompes à pistons plongeurs* actionnés par des machines à vapeur verticales ; la gravure ci-contre donne le dessin exact de l'appareil placé à Lyon, au milieu de la galerie des machines. Ces appareils ont

Moteurs et Pompes Hermann-Lachapelle.

pour objet de pourvoir aux besoins d'eau, dont la plupart des usines ont un si grand besoin. Parmi les avantages importants que présentent ces pompes, on doit signaler : 1° leur rendement exact, proportionné et suivant le réglage convenu ; 2° leur installation prompte et facile ; 3° un entretien aisé et peu coûteux ; 4° leur solidité et leur simplicité de construction ; 5° enfin leur prix relativement très-bas.

Sans entrer dans de grands détails sur la construction de ces appareils, nous dirons seulement qu'ils sont placés sur un bâti isolateur, réunissants sur une même plaque de fonte le moteur et les pompes. Il suffit donc de niveler l'emplacement, de joindre les conduites, et de soigner le feu pour la marche de ces appareils. Ces pompes peuvent fournir de 30 à 100,000 litres d'eau à l'heure, suivant la demande. La force du moteur est déterminée par le volume d'eau aspirée et refoulée par la pompe, et par la hauteur à laquelle cette eau doit être élevée. Dans le plus grand nombre de cas, les machines de 1 à 15 chevaux suffisent et sont les plus convenables. Les pistons des pompes verticales sont *plongeurs*, c'est-à-dire qu'ils sont faits dans la forme la plus convenable, puisque ce sont ceux qui produisent le plus d'effet utile avec le moins de force. La Ville de Paris a, du reste, adopté partout ce système pour ses distributions d'eaux. Les pistons sont en bronze, ils ne touchent pas les parois du corps de pompe ; le frottement ne se fait donc que sur une très-petite surface, par conséquent les fuites sont impossibles et l'usure est nulle. Les corps de pompe s'équilibrent aux flancs d'un réservoir d'air de très-grande dimension, avantage considérable qui assure la régularité de la marche de l'appareil et l'égalité constante du jet. Toutes les parties de la pompe sont aisément accessibles ; dès lors la visite des clapets est des plus faciles pour la vérification.

L'appareil exposé dans la galerie des machines, à Lyon, montre l'immense débit d'eau que peut donner ce système, et présente en même temps un spécimen convenable d'alimentation d'eau pour une ville, une commune, une usine ou une propriété, où l'on désire établir une grande abondance d'eau courante ou à la disposition de besoins intermittents.

Nous n'avons pas parlé, dans l'appréciation de l'appareil hydraulique de M. Hermann-Lachapelle, de la machine à vapeur qui met en mouvement les pompes qui puisent l'eau, non-seulement parce que dans le cas présent, elle n'est qu'un accessoire secondaire en quelque sorte, l'auteur pouvant y substituer des manivelles ou appareils spéciaux, qui se manœuvrent à bras d'homme, mais parce que M. Hermann-Lachapelle ayant inventé plusieurs machines appropriées à d'autres industries spéciales, nous nous proposons de les passer en revue dans d'autres articles, et dès lors, d'y étudier d'une manière directe chacune de ses inventions.

L'installation de M. Hermann-Lachapelle est admirable, coquette : les visiteurs se pressent autour de son château-d'eau et, de toutes parts, ce ne sont que compliments à l'adresse du mécanicien et de l'homme de goût, qui a su offrir aux regards un spécimen de ce que peut la mécanique associée à l'art.

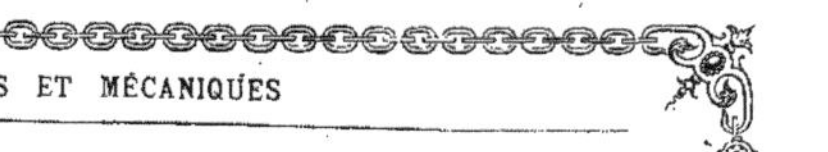

INDUSTRIE DES ARTS TEXTILES ET MÉCANIQUES

B. THIMONIER, Inventeur de la machine à coudre

EN 1830, Barthélemy Thimonier inventa la première des machines à coudre qui ait réellement fait un travail sérieux avant celles qui, aujourd'hui, sont d'un usage presque général. Cet inventeur habitait Tarare, près Lyon, où il est mort il y a quelques années dans un état voisin de la misère.

Voici ce qu'on rapporte de lui au sujet de la machine à coudre :

Lorsqu'il eut terminé son appareil, il résolut de le porter à Paris et dans toutes les grandes villes pour le faire connaître, mais il n'avait pas le moyen de le faire d'une manière convenable; alors, il partit à pied et faisait chaque soir fonctionner son instrument à la porte des auberges où il devait passer la nuit, afin de gagner un salaire capable de solder sa dépense. Il imaginait, quand la curiosité des spectateurs n'était pas satisfaite par le seul travail de sa machine, de montrer un théâtre de marionnettes qu'il portait avec son instrument. Il arriva ainsi près de Paris, où il faillit être noyé dans la Seine, par des ouvriers tailleurs ameutés contre lui parce que cette machine, disaient-ils, devait anéantir le travail à l'aiguille.

Il resta longtemps à montrer sa machine à coudre chez les industriels; partout elle fut reçue avec indifférence. C'est seulement au moment de l'Exposition de Londres, que Thimonier retira de son invention quelques milliers de francs, qui ne suffirent pas pour mettre cependant sa vieillesse à l'abri du besoin, parce que les charges d'une nombreuse famille épuisèrent bientôt la rémunération de 20 ans de recherches et de luttes.

Comme le premier modèle de machine à coudre, construit par Thimonier, a été offert par ses enfants au musée d'Industrie de Lyon, où il figure, il appartient au *Livre d'Or* d'en faire une mention spéciale avant de parler des machines à coudre qui figurent à l'Exposition, et de tirer le nom de cet ouvrier intelligent, de l'oubli où la misère semblait devoir le reléguer impitoyablement.

ÉTUDES INDUSTRIELLES

J. HERMANN-LACHAPELLE

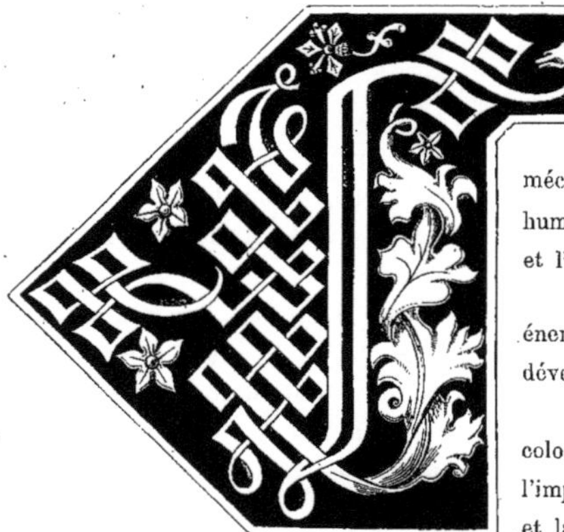

ES choses de l'industrie ont des fées bienfaisantes et de brillants génies qui président à ce nouveau monde.

Ce sont les machines à vapeur et les engins mécaniques qui, changeant toutes les conditions de la vie humaine, saisissent l'imagination par leur puissante réalité et l'emportent dans le rêve du progrès indéfini.

C'est à quelques hommes d'initiative et de volonté énergique, que notre époque doit d'avoir vu naître et se développer ce grand mouvement.

Après avoir emprisonné la vapeur dans les formes colossales des installations primitives, il restait à résoudre l'important problème de la vulgarisation par la simplicité et la perfection de types qui s'imposeraient d'eux-mêmes.

Il fallait créer ce type, ce véritable engin du travail général, condenser la force infatigable de la vapeur dans le moindre espace, dans la forme élégante et commode qui en faciliterait l'application universelle.

C'est au milieu de ces préoccupations scientifiques et de l'attente de l'esprit public, que M. J. HERMANN-LACHAPELLE conçut la première idée de son type de *Machine à vapeur verticale*.

L'engin était trouvé, le problème résolu.

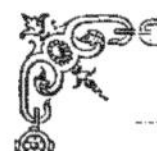

MACHINE A VAPEUR VERTICALE

SUR SOCLE-BATI ISOLATEUR

A VOLONTÉ FIXE, SEMI-FIXE OU LOCOMOBILE

M. Hermann-Lachapelle voulait que sa machine résumât tous les perfectionnements indiqués par la science et par la pratique ; industriel lui-même, façonné par le travail de chaque jour aux pensées fécondes et à la prévision de l'avenir, il la construisit.

Dans sa construction, cette machine se compose d'un socle en fonte, sur lequel repose la chaudière à bouilleurs croisés et foyer intérieur ; deux colonnes latérales supportent un entablement aussi en fonte, où sont groupés les divers organes du mouvement.

Cette disposition permet, dans une élégante unité, l'indépendance complète de la chaudière, et le fonctionnement général s'accomplit sans bruit, sans secousses ni trépidations. Le foyer est disposé pour brûler toute espèce de combustibles.

Le cylindre est à enveloppe et circulation de vapeur : la longueur des bielles facilite l'ampleur du mouvement : l'usure est nulle. Tous les organes sont à portée de la main ; un régulateur et une détente variable règlent à volonté le jeu de la force à produire. L'alimentation de la chaudière se fait par une pompe puisant, dans un bac adapté aux flancs de la chaudière, l'eau réchauffée par la vapeur d'échappement.

Tout y est prévu, ordonnancé, établi pour en permettre l'emploi dans toutes les sections industrielles, dans l'usine, dans la ferme, dans l'appartement, sans préparation de pose, dans l'espace que comporte un meuble d'art, et avec une sécurité mathématique absolue.

M. Hermann-Lachapelle, quoique guidé dans sa conception par une idée supérieure de création, n'avait exécuté ce type que pour ses besoins industriels. Ses essais personnels et l'accueil chaleureux qu'il reçut à son apparition, lui en firent admettre l'importance au point de vue du progrès général.

Les médailles d'or des Concours, les plus

Machine verticale sur socle-bâti isolateur.

hautes récompenses des Expositions en ont consacré la supériorité. Les résultats en ont été immenses; l'agriculture, l'industrie trouvaient là leur moteur attendu, applicable à toutes les branches du travail. La vulgarisation s'est faite rapidement sur tous les marchés du monde.

M. Hermann-Lachapelle utilisa donc d'abord sa machine au fonctionnement de ses appareils pour la fabrication des boissons gazeuses et des vins mousseux; mais d'un type si parfait qui convenait à tous les genres de mouvement et d'activité, il allait faire bientôt deux nouvelles et importantes applications.

La machine verticale amena la conception d'un système de pompes, et celui d'un moulin à vapeur.

L'eau et le pain étant les deux éléments primordiaux de la vie, il convenait à un esprit sérieux d'en développer la production.

La construction suivit immédiatement l'idée.

POMPES A PISTONS PLONGEURS

ACTIONNÉES PAR DES

MACHINES A VAPEUR VERTICALES

Le système, d'une simplicité artistique et d'un puissant rendement, jusqu'à 150,000 litres d'eau à l'heure, se compose de la pompe à deux corps avec large réservoir d'air, et de la machine à vapeur verticale, le tout groupé sur un même socle en fonte.

Ce groupement, qui facilite la transmission directe du mouvement par l'arbre moteur de la machine, dispense de toute préparation de pose. Son ensemble est d'une harmonique disposition pour le service des villes, parcs et jardins avec leurs jeux hydrauliques, des établissements publics et privés.

Il est largement utilisé dans les gares de chemins de fer, pour l'alimentation des bassins et les besoins généraux; dans les ports et les mines pour les épuisements; dans toutes les irrigations, quels que soient les efforts d'ascension ou de refoulement qu'elles demandent.

Pompe et machine accouplées sur un même socle.

L'installation du système peut être faite, suivant les lieux, par groupes séparés, sans nuire aux qualités d'agencement, de conduite, et de régularité.

INSTALLATIONS SPÉCIALES POUR LA MEUNERIE

Sur la voie des applications mécaniques, il y avait une grande réforme à apporter dans l'industrie meunière, soumise à toutes les éventualités des sécheresses et des accalmies de l'atmosphère.

Moulins sur colonne-beffroi actionnés par une machine à vapeur verticale montée sur socle-bâti isolateur.

En même temps que le système des Pompes, M. HERMANN-LACHAPELLE définit et exécuta celui du moulin à vapeur.

Son admirable ordonnance, sous l'action de la machine verticale, dispense de toute complication d'étude et d'installation.

Il se compose d'une colonne-beffroi en fonte, ouverte par 4 baies, et dans laquelle se meut tout le mécanisme. L'entablement supporte les meules, l'archure, la trémie et la plate-forme de service. Sur le socle, repose l'arbre de couche principal qui, en se prolongeant, peut commander autant de colonnes-beffroi, de tournants ou meules que comportent les besoins de l'établissement.

La sole simplement battue, ou le plancher reçoivent sans préparation, la colonne qui arrive avec son mécanisme tout monté. On passe la courroie de transmission sur la poulie de la machine, et le moulin peut tourner et moudre. Le minimum de la production par paire de meules, en 12 heures, est de 1200 kilos de mouture, soit 2400 kilog. en 24 heures, marche normale des moulins.

En outre de l'économie considérable de plus de 50 % que produisent ces installations, il faut tenir compte de ce fait principal de l'application de la machine à vapeur verticale, qui peut agir seule ou concurremment avec la force hydraulique, dont elle aide ou remplace l'action.

Il n'y a pas de pays déshérité ou de saison néfaste, qui ne puissent avoir leurs pompes et leurs moulins.

MACHINE HORIZONTALE A CHAUDIÈRE TUBULAIRE

Quoique sa machine à vapeur verticale, par la disposition de son plan et de ses organes, atteignît le but rêvé d'une force puissante et régulière avec la plus grande facilité de déplacement, de conduite et d'entretien, M. J. Hermann-Lachapelle voulut parer à toutes les éventualités de l'industrie et des travaux spéciaux.

Machine horizontale locomobile sur train de roues.

Pour suffire à tous les besoins et se donner à lui-même la satisfaction d'un nouveau succès industriel, il construisit donc la machine horizontale à chaudière tubulaire.

Cette machine perfectionnnée garde, dans son genre, l'empreinte du créateur du type vertical.

Montée sur un train de quatre roues en fer, elle se meut, par tous les chemins, aussi facilement qu'une voiture suspendue.

Elle est particulièrement appropriée aux déplacements fréquents, tels que les comportent les battages de ferme en ferme, les coupes de bois en forêt, et toutes autres convenances spéciales.

Les battages et scieries à demeure, qui n'exigent pas ces déplacements de saison, emploient, avec une préférence marquée, le système vertical.

MACHINES FIXES ET SEMI-FIXES

MACHINES VERTICALES SUR COLONNES

Il faut à certaines industries des générateurs de vapeur de grande puissance, et des organes de machine relativement faibles pour actionner proportionnellement quelques sections d'outillages.

D'autre part, certains besoins ou dispositions spéciales des établissements ne laissent pas accoupler

la chaudière aux organes du mouvement ; mais pourtant une force doit se produire, et une action se manifester.

La machine verticale sur colonne remplit parfaitement ce double but : une colonne en fonte porte

Machine verticale fixe ou semi-fixe sur colonne

le cylindre et le mécanisme, qui prennent la vapeur de n'importe quel générateur avec l'intensité proportionnelle à leur marche.

On place ces machines comme un meuble ; c'est le type réduit de la machine à vapeur verticale, moins la chaudière, dont l'installation se fait à part.

....

MACHINES HORIZONTALES SUR PIERRES D'ASSISES

La machine horizontale de M. J. HERMANN-LACHAPELLE permet aussi cette application *utile dans plusieurs cas* : un socle en fonte d'une seule pièce supporte tout le mécanisme, cylindre, bielles, régulateur, détente, volant, poulies, et le maintient dans un équilibre parfait, et une indépendance absolue.

On place le système complet des organes sur une pierre d'assise, et il peut aussitôt fonctionner en

Machine horizontale fixe ou semi-fixe sur pierres d'assise

prenant la vapeur d'un générateur quelconque.

De son côté, la chaudière suffit aux services qu'elle comporte.

L'assemblage et l'accouplement à nouveau du générateur et du mécanisme s'accomplit avec la même facilité.

APPAREILS CONTINUS

POUR LA FABRICATION DES

BOISSONS GAZEUSES, EAUX MINÉRALES ET VINS MOUSSEUX

M. Hermann-Lachapelle a débuté dans la carrière industrielle par la construction de ces appareils. Leur propagation a révolutionné cette belle industrie, et l'impulsion qu'ils lui ont donnée en a fait une des branches les plus importantes de production, de consommation et de richesse publiques.

Ils fonctionnent à bras ou par la vapeur, pouvant donner jusqu'à dix mille bouteilles ou siphons par jour.

Les appareils de M. Hermann-Lachapelle, comme ses machines, sont connus du monde entier, et il

Appareil pour la Fabrication des boissons gazeuses, actionné par la machine à vapeur verticale

serait superflu d'en donner une description technique, alors que la moindre bourgade de France et la plus lointaine des Colonies en possèdent des admirables types.

AR l'utilité de ses conceptions, par son énergie à propager les produits de l'industrie nationale, M. Hermann-Lachapelle a su se placer au premier rang des industriels.

Sa position, le souci de son nom et de sa notoriété l'obligent à d'exceptionnels devoirs dans ses constructions.

Dans ses vastes ateliers de chaudronnerie se fabriquent, avec des tôles de première provenance, les générateurs séparés ou chaudières à vapeur. Dans ses ateliers de machines proprement dites, un puissant outillage façonne les divers organes de fer, fonte, cuivre et d'acier. Un agencement spécial est organisé pour les installations de pompes, de moulins, des appareils à produire les boissons gazeuses et vins mousseux, avec le complément énorme des siphons.

De ce centre d'activité rayonnent les produits qui aident à la prospérité d'une nation et au progrès universel.

Depuis tantôt quinze ans, M. Hermann-Lachapelle ne construit pas moins de une machine par jour, soit par jour la force moyenne minima de 6 chevaux. Avec les éléments multiples de son travail, où domine la supériorité incontestable et incontestée de son type de machine à vapeur verticale, il se trouve avoir livré aujourd'hui au mouvement général une force industrielle qui se chiffre par plus de vingt-quatre mille chevaux-vapeur, représentant l'effort continu et effectif de plus de deux cent soixante-sept mille trois cents hommes valides et vigoureux.

C'est une belle participation au travail de son pays et à la richesse universelle.

ENSEIGNEMENT, HYGIENE ET THÉRAPEUTIQUE

CHERVIN

FONDATEUR DE L'INSTITUTION DES BÈGUES DE PARIS

Chervin.

Es débuts, dans la vie des hommes dont s'empare la postérité, sont d'un intérêt universel, et c'est pour répondre à ce sentiment de curiosité naturel et sympathique que nous empruntons les lignes suivantes à la *Biographie nationale des contemporains :*

« Chervin (Claudius), né à Bourg-de-Thizy (Rhône), le 4 août 1824, fut de bonne heure destiné à la carrière de l'instruction publique. Dès son début dans l'Université, en 1844, M. Chervin rencontra un enfant atteint d'un bégaiement très-prononcé, qui l'empêchait de réciter ses leçons et de répondre aux interrogations de la classe. Il résolut de combattre l'infirmité de cet élève par des exercices de langage, et sa vocation fut ainsi décidée. Alors il étudia avec soin l'anatomie et la physiologie des agents de la parole, avec le docteur Duplat; et, depuis, enrichissant d'année en année sa méthode d'observations nouvelles, il s'est constamment occupé de la guérison du bégaiement, du balbutiement, de la blésité, du grasseyement et de tous les autres vices de prononciation.

» M. Chervin, continue la *Biographie nationale*, fonda en 1867, sous les auspices de M. Duruy, Ministre de l'instruction publique, l'*Institution des bègues de Paris*. Cette importante création, qui est venue combler une lacune regrettable laissée à côté des institutions des sourds-muets et des aveugles, a des succursales à Lyon, Marseille, Madrid, Bruxelles, Londres et Saint-Pétersbourg, dirigées par MM. Chervin père, fils et frère. »

L'Institution des bègues de Paris possède un local bien situé, avenue d'Eylau, 90, près le bois de Boulogne. La porte de l'Institution est toujours ouverte aux bègues indigents qui demandent à suivre gratuitement les cours.

Mais qu'est-ce que le bégaiement? Quelle est sa fréquence? En quoi consiste la Méthode-Chervin?

Le bégaiement est un défaut de prononciation caractérisé, tantôt par des répétitions convulsives d'une même syllabe, tantôt par un arrêt plus ou moins prolongé devant une syllabe initiale, médiale ou finale d'un mot. Dans les deux cas, l'embarras de langage est souvent accompagné de mouvements convulsifs dans les paupières, les joues, la tête, le cou, les bras et les jambes.

Cette infirmité, si pénible à ceux qui en sont atteints et à ceux qui les entourent, qui est un obstacle aux succès des élèves dans les écoles, et à l'établissement des adultes dans le monde, est beaucoup plus fréquente qu'on ne l'imagine, et nous savons par l'histoire qu'il y a eu des bègues à toutes les époques, dans tous les pays et dans toutes les classes de la société. Etaient bègues, en effet: Moïse, Aristote, Démosthènes, Esope, Virgile, Philippe Ier, empereur de Constantinople; Louis II,

Louis XIII, Camille Desmoulins, Boissy d'Anglas. La carte qui figure ci-dessous démontre que le Nord de la France compte beaucoup moins de bègues que le Midi, où l'imagination est vive, féconde et bouillonnante. Dans cette carte, les départements sont divisés en huit catégories de fréquence : plus le département est noir, plus il compte de bègues. Voici la moyenne maximum indiquée par chaque couleur : 1, 2, 3, 4, 5, 6, 7 et 8 pour 1,000. Cette carte accuse plus de 150,000 bègues en France !

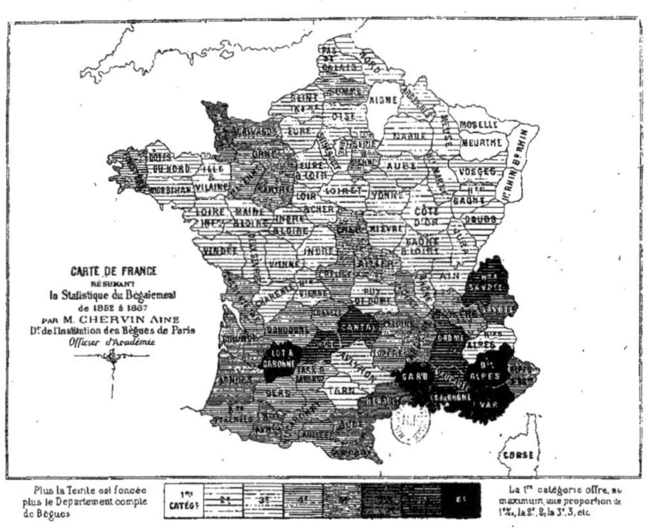

L'antiquité considérait le bégaiement comme un mal incurable, et il était donné à notre siècle si calomnié, de résoudre cette question dans un sens favorable à l'humanité. Mais les découvertes ne se font pas ordinairement tout d'une pièce : ce n'est que graduellement que nous vient la lumière. Les Allemands ont voulu raccourcir la langue au moyen de l'excision d'une pièce triangulaire ; les Français ont voulu l'allonger par la section de certains muscles : ces tentatives, restées sans résultats, ont été blâmées et abandonnées.

Après avoir reconnu la parfaite intégrité des organes vocaux du bègue, on a eu recours, pour combattre son infirmité, à des moyens éducatifs ou gymnastiques des lèvres et de la langue. Alors les cailloux de Démosthènes ont été tirés de l'oubli et remplacés par des refoule-langues, des bride-lèvres, des ressorts dentaires et vingt autres agents ferrulants dont on bourrait la bouche du malheureux bègue, — qui naturellement n'en parlait que plus mal et plus péniblement.

Au moment où on martyrisait ainsi la langue, les lèvres, etc., M. CHERVIN fit observer que l'hésitation dans le fonctionnement des organes phonateurs et articulateurs, pourrait bien n'être que le reflet pur et simple d'un commandement indécis, troublé ou impuissant. Plein de cette pensée, de courage et de persévérance, et guidé par des connaissances spéciales anatomiques, physiologiques et pédagogiques, il travailla vingt ans à édifier « cette méthode simple, facile et très-expéditive, dont les succès ont été officiellement constatés en France et à l'Étranger. » Voici une appréciation prise au hasard parmi les nombreux rapports officiels que nous avons sous la main. C'est M. le docteur Janssens qui parle en témoin oculaire et compétent, « La Méthode-Chervin comprend à la fois : une *gymnastique physique* qui ramène lentement les organes vocaux à leur état primitif et normal ; une *gymnastique intellectuelle* qui, par la réflexion, la connaissance pratique du mécanisme de la parole, de la structure de la phrase et de l'art de parler, fortifie l'acte du cerveau ; une *gymnastique morale* qui donne à l'esprit la confiance, la tranquillité et sa complète liberté. Cette judicieuse et puissante méthode comprend deux traitements : un *traitement général* qui embrasse tout l'homme physique et moral, et un *traitement spécial* de tel ou tel agent de la parole, dont l'état anormal caractérise le genre de bégaiement. Mais le professeur rejette bien loin, comme inutiles et barbares : les gros et petits cailloux, les boules de caoutchouc, les refoule-langues, les plaques interdentaires, les bride-lèvres, etc., dont on a rempli, de nos jours, la bouche du pauvre patient ; comme il exclut également tous remèdes et opérations, condamnés par l'expérience des plus savants praticiens. »

Ainsi, par une gymnastique vocale, simple et naturelle, la Méthode-Chervin arrive à rétablir l'unité d'action ou l'harmonie entre les différents agents de la parole qui, en raison de conditions anormales, l'ont perdue.

Elle parvient à ce résultat en signalant ces anomalies à ceux qui en sont atteints, et en leur enseignant pratiquement plutôt que par théorie à les combattre. Cette gymnastique comprend des exercices nombreux, variés et bien gradués sur les voyelles, les consonnes, les lectures syllabique, courante, expressive et l'improvisation. Telle est la méthode dont nous avons suivi, avec intérêt, l'expérimentation, et dont nous avons constaté les résultats les plus heureux et les plus complets.

La Méthode-Chervin a été approuvée par la Société d'Education de Lyon en 1863 ; mentionnée honorablement à la Sorbonne en 1864 ; subventionnée par le Conseil général du Rhône à partir de 1865 ; par la Ville de Lyon à partir de 1866 ; par S. Exc. le Ministre de l'instruction publique, à partir de 1867 ; par la Ville de Marseille, en 1868 ; par la Ville de Madrid, à partir de 1871 ; par la ville de Bruxelles, à partir de 1872.

Terminons en disant que M. CHERVIN a envoyé à l'Exposition internationale de Lyon, deux ouvrages : *Du Bégaiement considéré comme vice de prononciation. — Statistique du Bégaiement en France ;* disons enfin que cet habile spécialiste a adressé une demande au jury pour le prier d'examiner ses élèves avant, pendant et après leur traitement, que cette demande a été agréée avec empressement, et qu'elle a provoqué un rapport qui se termine en demandant : « 1°. *Une récompense à la Méthode-Chervin ;* 2°. *Un avis favorable à M. le Ministre de l'Instruction publique, pour appeler son attention sur cette excellente méthode.*

INDUSTRIE DE LA GRAVURE PAR LES ACIDES

CHARLES NIGOTE, Officier d'Etat-Major

Sous Bois.

C'est à Firmin Gillot que nous devons la gravure paniconographique. Nous espérons pouvoir donner de cet inventeur émérite, que nous venons de perdre, quelque spécimens de ces gravures, dans lesquelles le graveur a autant de mérite que l'artiste.

Au nombre de ceux qui, profitant des tentatives de F. Gillot, ont cherché à entreprendre la gravure aux acides, nous devons citer M. Charles Nigote dont le talent, comme peintre et dessinateur, est reconnu.

Pareil à Niepce de Saint-Victor, il charmait ses loisirs en peignant des toiles qui ont figuré dans les Expositions de peinture.

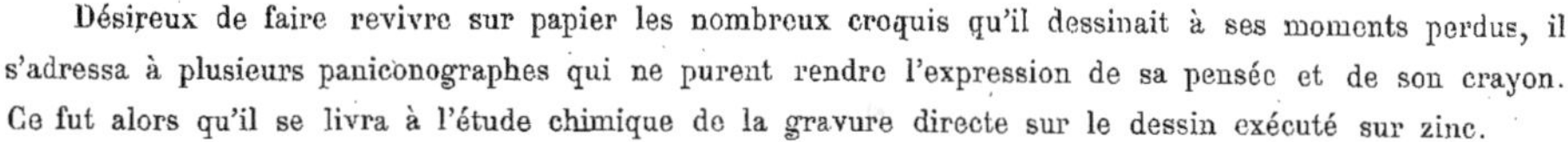

Désireux de faire revivre sur papier les nombreux croquis qu'il dessinait à ses moments perdus, il s'adressa à plusieurs paniconographes qui ne purent rendre l'expression de sa pensée et de son crayon. Ce fut alors qu'il se livra à l'étude chimique de la gravure directe sur le dessin exécuté sur zinc.

Les premiers essais furent laborieux, les recherches pénibles, et plus d'une fois l'artiste fut près d'abandonner son œuvre ; mais, grâce à sa persévérance et à ses connaissances chimiques, il parvint au but désiré.

Nous donnons, de lui, un des premiers résultats obtenus qu'il intitule *Sous Bois*. On ne pouvait mieux rendre l'énergie du burin, la délicatesse de détails de la pointe et le flou vaporeux du crayon lithographique.

M. Charles NIGOTE nous promet une nouvelle page, dans laquelle il réunira tous les effets du crayon, de la plume et du burin mis à la disposition de l'artiste.

Il est à désirer qu'il persévère dans cette voie, car ses succès peuvent être d'une très-grande utilité pour le peintre qui voudra vulgariser ses œuvres.

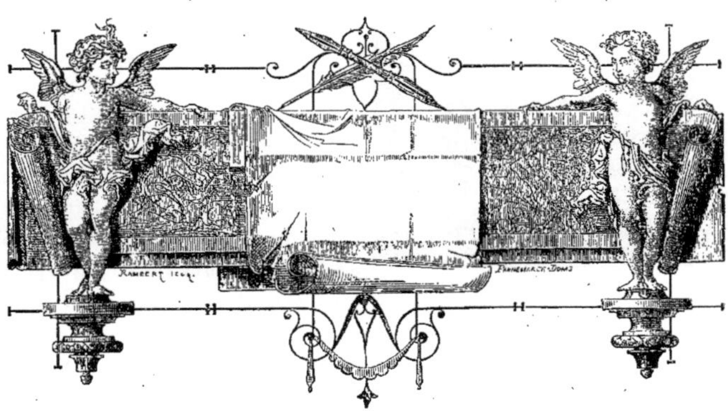

INDUSTRIE DES ARTS CHIMIQUES

J. PELOUZE

Mettre en évidence les hommes qui, riches ou fortunés, arrivent à des carrières brillantes par le travail et la persévérance, n'est-ce pas faire admirer ceux qui, sans fortune et sans moyen de pourvoir à leurs premiers besoins, ont su grandir, s'élever jusqu'aux premiers emplois, par une assiduité et une intelligence qui leur a fait vaincre, tous les obstacles. J. Pelouze fut dans ce cas, mais nous lui devons une mention plus spéciale, car non content d'être un homme hors ligne en chimie scientifique, il a doté la pratique des arts chimiques d'une foule de découvertes qui ont fait de cette industrie l'une des branches les plus florissantes du travail français.

Pelouze, en effet, est un des fondateurs de la chimie organique : il a démontré, le premier, que la betterave contient environ 10 $^0/_0$ de son poids de sucre, parfaitement identique à celui de la canne, et qu'elle ne renferme aucune trace d'autres sucres. C'est à lui, concurremment avec Liébig (l'un des premiers chimistes de l'Allemagne), que l'on doit la découverte de l'éther œnantique auquel est dû le bouquet des vins. Il a en outre indiqué le moyen de purifier en grand l'acide sulfurique ; introduit le sulfate de soude dans la fabrication du verre à glace ; préparé le premier le pyroxyle ou coton-poudre ; donné un procédé remarquable pour la préparation du tannin : étudié la fermentation butyrique ; analysé les huiles de pétrole d'Amérique. On lui est redevable de méthodes d'analyses sur les salpêtres, le cuivre, le soufre, les pyrites, le fer contenu dans le sang, de recherches sur la vitrification et la coloration des verres, sur la saponification, sur les acides pyrogénés, sur les nitrosulfates, sur les sulfocyanates. Enfin il a découvert une nouvelle espèce d'Aventurine verte, qui, de l'aveu des lapidaires, est une importante acquisition pour leur industrie.

Comme c'est à la persévérance dans le travail et à l'assiduité dans l'éducation que Pelouze a dû de triompher de tous les obstacles et de toutes les difficultés de sa carrière, disons en quelques mots, qui serviront, nous n'en doutons pas, de modèle et d'exemple à toutes les personnes qui regardent comme décourageantes et insurmontables, les privations qui viennent trop souvent assaillir les débuts d'une position scientifique.

D'abord élève en pharmacie à la Fère, J. Pelouze vint à Paris et entra, en 1825, dans la pharmacie de M. Chevalier. Reçu interne en pharmacie en 1836, il fut attaché à l'hospice de la Salpêtrière. Mais il quitta bientôt cet établissement pour le laboratoire de Gay-Lussac, dont il resta plusieurs années l'élève puis le préparateur. Lorsqu'il renonça à l'internat en pharmacie pour consacrer toút son temps au laboratoire de Gay-Lussac, il n'avait absolument aucune ressource ; il habitait une mansarde, rue Copeau, où bien souvent il se contentait d'un morceau de pain et d'eau pour tout repas. Il mettait une telle ardeur au travail que, manquant de tout, il refusait souvent, pour ne pas s'arrêter à des recherches scientifiques, de donner des leçons particulières de chimie que son maître lui faisait proposer. En 1830, il fut nommé professeur à Lille pour une chaire que la municipalité venait de créer et dont M. Kuhlmann était titulaire ; nommé bientôt après répétiteur de chimie, puis suppléant de Gay-Lussac à l'Ecole polytechnique, il fut rappelé à Paris, où il arriva aux plus hauts emplois scientifiques.

J. Pelouze.

Il a de plus procédé à la refonte des monnaies de bronze et d'argent, opération considérable qui présentait d'immenses difficultés. Représentant de la France lors de la Convention monétaire conclue entre la France, la Belgique, l'Italie et la Suisse, il a préparé, presque lui seul, l'œuvre d'unification de toutes les monnaies européennes. Terminons en disant qu'il a pris une grande part aux travaux d'assainissement de la ville de Paris, depuis 1848, et qu'il a rendu de grands services comme membre du Conseil municipal de cette ville à tout ce qui a été fait d'utile et en rapport avec ses connaissances techniques.

Pelouze a laissé un ouvrage d'une grande valeur qui est son *Traité de chimie générale*, en collaboration avec M. Fremy. On a de lui un grand nombre de mémoires dans les *Comptes rendus de l'Académie des Sciences*, dans les *Annales de chimie et physique*, et dans *le Dictionnaire de technologie*, etc.

Comme on le voit, la science et l'industrie ont beaucoup perdu à la mort de ce savant, mais heureusement pour elles que ses élèves sont nombreux et ont recueilli une ample moisson d'idées scientifiques, qui enrichiront peu à peu et bientôt le domaine de la pratique.

BEAUX-ARTS APPLIQUÉS A L'INDUSTRIE

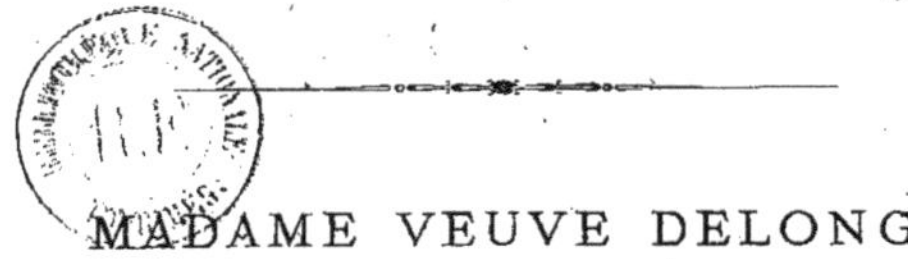

MADAME VEUVE DELONG

Créatrice de procédés employés pour le découpage des métaux
à la scie mécanique, sans aucune retouche à la lime (brevetée en France et à l'étranger)

RÉCOMPENSES ACCORDÉES PRÉCÉDEMMENT A CETTE INVENTION

Médaille d'argent à l'Exposition universelle de Paris, 1867. — Médaille d'or à l'Exposition universelle du Havre, 1868.
Médaille 1ʳᵉ classe à l'Union des Arts, à Paris, 1869.
— Médaille d'or, Exposition industrielle à Narbonne, 1870. — Médaille d'or à l'Académie Nationale, 1870. —
Médaille de platine à la Société d'Encouragement, 1870. — Diplômes d'honneur à l'Académie Nationale, 1872.

'EST avec bonheur que le *Livre d'Or* enregistre les titres des industriels qui font progresser et améliorer le travail pratique des ateliers, ou ceux des savants qui ouvrent les premiers chemins aux inventions, aussi doit-il être fier d'inscrire dans ses pages le nom de ceux qui créent de nouvelles industries, et qui, dès lors, tracent de nouvelles voies à l'activité humaine? Nous cédons à certain sentiment de fierté en parlant de Madame veuve DELONG, et en faisant connaître, sommairement, l'importance des remarquables travaux d'orfévrerie, de bijouterie et de serrurerie d'art accomplis par un découpage et un reperçage mécanique, au moyen de scies et de machines spéciales et n'exigeant aucune retouche par les instruments employés ordinairement.

Pour bien faire apprécier le mérite de cette innovation, qui date à peine de 1865, disons que Madame veuve Delong travaillait depuis douze ans dans la bijouterie, et reperçait à la main ces pièces fines d'or ou d'argent qui tirent tant d'effet de l'heureuse combinaison du vide et du plein. Ce travail délicat, entre les mains des femmes, à Paris, avait familiarisé Madame veuve Delong avec les allures et les manipulations générales de tous les métaux, et lui avait appris la difficulté qu'elle avait à vaincre dans l'industrie de leur découpage; aussi ne doit-on pas s'étonner de la bonne organisation de ses procédés et de l'outillage dont elle se sert pour produire les magnifiques effets de ses produits, ni de l'étude approfondie de ses instruments, qui lui permettent de ne pas avoir besoin de recourir, pour le fini du travail, aux retouches, soit par la lime, soit par le burin, etc., et d'obtenir, du premier coup, les contours les plus variés, les ajours les plus fins et les plus compliqués; et cela avec une précision et une netteté que l'on ne pourrait réaliser dans certains cas avec les outils ordinaires, qu'avec beaucoup de temps et de difficulté et par conséquent à très-grands frais. Pour le prouver, nous donnons ici la représentation d'une porte de chapelle en métal épais découpé à jour, et qui figurait à l'Exposition de 1867.

Panneau de porte en fer découpé à la scie

Les premiers essais de Madame veuve Delong, furent faits sur des métaux peu résistants, tels que le zinc, le cuivre, le bronze et dans des épaisseurs variant de 2 à 13 millimètres, puis, peu à peu par des perfectionnements successifs, elle a obtenu dans ses ateliers des résultats plus importants, car elle y découpe aujourd'hui des tôles de 20 millimètres et du bronze de 7 centimètres d'épaisseur. Comme preuve de nos assertions, nous devons rappeler, par exemple, qu'en 1868, à l'Exposition du Havre, on voyait des zincs de première fusion, de 22 millimètres d'épaisseur découpés pour panneaux de portes cochères, des rosaces et impostes de la même épaisseur : à Narbonne, à Paris, à Naples, à Rome, etc., la maison Delong a exposé, dans le même genre, des balcons, des portes de caveaux, des balustrades d'églises, etc., de 16 à 25 millimètres; des enseignes anglaises, des pentures gothiques d'une finesse extrême, en cuivre, de 40 millimètres; des moules de parfumerie de 7 centimètres, etc., etc. Depuis, cette industrie

a produit des lettres d'enseignes, des balcons, des poignées de sabre, des armures, des travaux de serrurerie, des agencements de magasins, etc., de la plus grande solidité et de la plus grande beauté.

Pour arriver à ce but, Madame veuve Delong traite le métal comme le bois, et emploie la scie alternative, et la scie continue à rubans. La nature ou l'épaisseur du métal la guide dans le choix de l'outil, la denture, la voie des scies, la vitesse à leur donner, etc.; de plus, comme le travail doit être interrompu et repris fréquemment, par suite de la multiplicité des ajours entièrement fermés, qui entrent ordinairement dans la composition des dessins qu'on exécute, Madame veuve Delong a étudié et a trouvé pour la mise en train de ses scies alternatives et des scies continues, différentes dispositions mécaniques remarquables par leur simplicité, leur bon fonctionnement et leur installation; bien que nous ne puissions pas entrer ici dans le détail des opérations de cette industrie nouvelle, nous dirons cependant que dans ses ateliers fonctionnent deux scies continues à rubans, huit scies alternatives à plateau fixe, une scie à plateau mobile pour les reperçages angulaires et deux machines à percer, mises en mouvement par une machine à vapeur puissante.

Ces appareils, sous la savante direction de Madame veuve Delong, produisent vite et bien un travail remarquable. Ce que nous venons de dire suffit pour montrer que cette industrie a grandi d'une manière extraordinaire et que de nombreuses commandes sont venues confirmer le succès de l'invention de Madame veuve Delong. En effet, de tous côtés on a su apprécier le fini et la beauté des produits qui se fabriquent dans cette usine, et l'industrie du reperçage mécanique des métaux met aujourd'hui à la disposition des architectes des moyens de produire, très-économiquement, des ouvrages très-solides et durables en métal, pouvant remplacer le bois découpé dans les nombreuses applications où il était insuffisant et périssable, ou dans des cas où sa combustibilité pouvait le faire exclure complétement. Ces divers aperçus font comprendre que l'industrie de Madame veuve Delong n'a pas tardé à grandir, que les commandes ont afflué, aussi a-t-il fallu se tenir au courant du mouvement et des progrès et construire de grands ateliers et un outillage plus en rapport avec les besoins de l'industrie, aux Ternes, rue Bayen, 59, c'est-à-dire dans un quartier tout à fait industriel et manufacturier. Ajoutons que des architectes de mérite, comme MM. Baltard, Ballu, Bournichon, Lefuel, Davioud, Millet, etc., etc., en faisant exécuter des travaux importants, ont placé la nouvelle maison de Madame veuve Delong (aujourd'hui Madame Tuyssuzian) à la tête des établissements remarquables de Paris, au point de vue industriel.

La maison veuve Delong et Cie ne pouvait pas manquer de prendre une part importante à l'œuvre éminemment patriotique de l'Exposition de Lyon; aussi y a-t-elle envoyé des spécimens variés et remarquables de tous ses produits. On y voit, en effet, des panneaux, des pentures de porte, des marquises, des galeries, des grilles, des rampes d'escaliers, des consoles, des rosaces, des chiffres, des lettres, des plaques de calorifères et de ventilateurs de tous modèles et dimensions.

En terminant cette courte description, nous croyons devoir faire remarquer que pour les architectes l'industrie nouvelle a une grande valeur; en effet, elle permet de remplacer utilement le zinc estampé et la fonte de fer dans tous les genres d'applications, en permettant de ne plus tant employer les modèles du commerce et de faire reproduire des dessins nouveaux et originaux, obtenus sans aucun frais de matrices, modèles ou mise en œuvre.

On remarquera encore à Lyon un emploi judicieux des différentes couleurs des métaux et des ouvrages où le cuivre, le bronze, le fer et le zinc se trouvent accouplés en produisant des effets remarquables. Nous croyons même devoir ajouter qu'à la vue de ces nouveaux produits, d'importantes applications pourront prendre naissance. En effet l'ébéniste, le bronzier, l'orfèvre, dans l'emploi des découpures métalliques, pourront tirer des partis inespérés de cette nouvelle industrie : d'autres métiers sur la création de types, de matrices, de calibres, auront de nouveaux auxiliaires en s'adressant à ces nouveaux genres : la grosse chaudronnerie, les constructions mécaniques même et les industries où le découpage de tôles de 10, 20, et 30 millimètres d'épaisseur est fréquemment employé, utiliseront encore les procédés de Madame veuve Delong. En résumé, cette industrie récente est destinée encore, comme on le voit, à la mise en pratique de procédés économiques destinés à augmenter les ressources du travail artistique des métaux, et comme tels à donner à notre industrie générale un brillant et nouvel essor; gloire donc, honneur et reconnaissance à madame veuve Delong, pour sa persévérance, son habilité et son courage dans cette circonstance, car comme femme, elle a montré en cela une activité et une intelligence exceptionnelles, en même temps qu'un dévouement industriel digne des plus grands éloges.

Enseigne en Cuivre de quatre Cent^{res} d'épaisseur découpé
obliquement dans une seule pièce

VENTILATION MÉCANIQUE

GENESTE FILS & HERSCHER FRÈRES

Armi les progrès importants réalisés dans la mécanique depuis quelques années, l'emploi de l'air comprimé doit occuper la première place, tant par les applications importantes auxquelles il a donné lieu que par les services qu'il a rendus dans des installations récentes qui sont la gloire du génie moderne.

L'air comprimé en effet a, dans les travaux de percement du Mont-Cenis, réalisé le double but de transmettre la force motrice à des distances considérables, et d'éviter la viciation de l'air résultant des engins mécaniques; il a fourni l'air respirable nécessaire à la vie des ouvriers, en même temps que la puissance mécanique indispensable pour l'accomplissement d'un aussi gigantesque travail. La rapidité et l'efficacité de la transmission mécanique qu'il permet d'obtenir, ont décidé depuis quelques années l'Administration des lignes télégraphiques à s'en servir pour le transport des dépêches et l'importance croissante de cette application s'étendra, il faut l'espérer, dans un avenir peu éloigné, au transport des lettres à l'intérieur des grandes villes. Enfin il serait facile de citer d'autres applications récentes de l'air comprimé, parmi lesquelles les sonneries à air donnent un nouvel exemple de la rapidité de la transmission obtenue par l'emploi de l'air comprimé.

Mais il est une autre application d'importance capitale dont nous voulons parler, c'est celle relative à la ventilation par l'air comprimé et son emploi comme propulseur d'air.

La ventilation est en effet une des questions dont la solution, incomplètement obtenue jusqu'à ce jour, présente cependant le plus haut intérêt.

Elle se rattache directement à notre hygiène et elle est un des agents les plus utiles de presque toutes les grandes industries.

En ce qui concerne l'hygiène, la ventilation est en effet le moyen effectif d'éviter toutes les causes de viciation de l'air; elle permet de nous maintenir dans un milieu toujours complètement pourvu d'air pur, elle éloigne les causes d'infection, évite l'échauffement résultant de la présence d'un certain nombre de personnes dans un endroit clos, et enfin, comme elle permet de régler à volonté les mouvements d'air, elle évite les courants d'air pernicieux qu'une aération mal faite occasionne dans la plupart des cas. En ce qui concerne les besoins industriels, la ventilation n'est pas seulement indispensable, dans une foule d'industries, à la santé et à la vie même des ouvriers ; mais elle est encore un des agents les plus actifs, elle sert de base aux séchages ; dans certaines usines elle fournit l'air nécessaire à la fermentation et, dans d'autres, elle amène l'air froid nécessaire pour la modérer ; elle permet, dans des établissements insalubres, de conduire hors de la portée des ouvriers des gaz méphitiques, des poussières nuisibles ; en un mot, il n'est pas d'industrie où la ventilation ne rencontre de nombreuses applications.

Eh bien ! pour résoudre ce problème complexe, l'air comprimé est venu donner encore un moyen efficace et simple d'obtenir dans chaque cas particulier la solution conforme aux besoins.

Depuis plusieurs années déjà, des études sérieuses sur cette importante question avaient été faites par un ingénieur distingué, M. P. de Mondésir, et les expériences avaient donné des résultats tellement remarquables qu'en 1867, alors qu'il fallait résoudre le difficile problème de la ventilation du Palais de l'Exposition, la Commission scientifique nommée pour rechercher le meilleur système, conclut en faveur de celui qui était basé sur l'emploi de l'air comprimé comme propulseur d'air.

Des constructeurs intelligents, MM. GENESTE et HERSCHER, qui s'occupaient également depuis longtemps de cette question et qui devaient devenir plus tard concessionnaires des brevets relatifs à son exploitation, comprirent la supériorité du nouveau système, et n'hésitèrent pas à en préconiser l'emploi et à en faire de nombreuses applications.

L'air comprimé appliqué à la ventilation ne permet pas seulement de transporter facilement l'air aux différents endroits où il est nécessaire, mais il a sur les autres systèmes des avantages importants, résultant de l'économie avec laquelle il permet de donner des quantités d'air considérables, et de la commodité que présente son installation, quelle que soit la multiplicité des effets à produire.

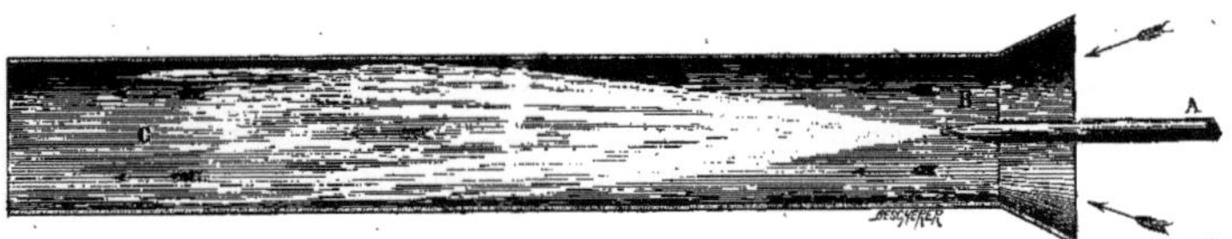

LÉGENDE. — *A* Tuyau d'air comprimé provenant d'un ventilateur. — *B* Air entraîné dans la gaine *C*

En effet, le système consiste en principe à employer la force entraînante de l'air comprimé pour mettre en mouvement, aux endroits où la ventilation est nécessaire, de grandes quantités d'air à des vitesses déterminées pour chaque cas particulier, suivant les résultats à tenir. Ainsi, par exemple, un jet d'air comprimé placé dans une gaine cylindrique ouverte à l'extérieur en arrière du jet, provoque dans cette gaine un courant d'air dont la vitesse est proportionnée à la pression de l'air comprimé et au diamètre du jet. Or, comme au moyen d'un appareil très-ingénieux dû à MM. Geneste et Herscher, ce diamètre peut être réglé à volonté, il en résulte que la puissance de la ventilation peut être augmentée ou diminuée par un simple mouvement du robinet, et qu'il devient facile de modérer son action suivant les effets à produire.

Les ventilateurs ordinaires qui emploient directement l'air comprimé pour produire la ventilation, présentent l'inconvénient de dépenser en pure perte, dans la plupart des cas, une partie de la force motrice pour donner à l'air une vitesse considérable. Le nouveau système permet d'augmenter là quantité d'air mise en mouvement en diminuant cette vitesse, c'est-à-dire qu'il transforme le travail mécanique produit par les ventilateurs qui donnent peu d'air à des vitesses inutilement trop grandes ; en un mot la ventilation avec emploi de l'air comprimé comme propulseur d'air permet de donner, pour chaque cas particulier à l'air mis en mouvement, la vitesse convenable et par conséquent obtient des appareils employés le maximum d'effet utile.

Ce point très-important a permis d'obtenir des effets qu'aucun système n'avait pu produire jusqu'à présent. En outre, l'air comprimé permet l'application d'un système de refroidissement énergique et très-simple, basé sur l'évaporation de l'eau pulvérisée. On place dans l'axe d'un jet d'air comprimé, destiné à mettre en mouvement l'air de la ventilation, un orifice laissant écouler une quantité d'eau plus ou moins considérable, cette eau est entraînée à l'état pulvérulent au milieu de la masse d'air de la ventilation et se trouve évaporée presque complétement. Il en résulte un refroidissement intense dont les applications récentes ont prouvé l'efficacité. Enfin, en augmentant considérablement la quantité d'eau entraînée, on résout facilement le problème de l'humidification de l'air nécessaire dans certaines industries, notamment dans les filatures.

Le système de ventilation par l'air comprimé présente donc des applications multiples, et dans ces dernières années, des installations qui ont été faites ont démontré l'exactitude des prévisions des constructeurs, l'importance de ce nouveau moyen de ventilation.

Comme nous l'avons dit plus haut, le système a été appliqué à la ventilation du palais de l'Exposition et le volume d'air pur introduit par heure n'étant pas moindre de 600 millions de litres, la température intérieure du palais s'est maintenue à 7° au-dessous de celle constatée à l'ombre dans le parc. Il est facile maintenant de comparer le résultat obtenu alors que de bonnes conditions étaient si difficiles à réaliser avec les effets déplorables que l'absence de ventilation a fait malheureusement constater dans notre dernière Exposition de peinture.

Les magasins de la Belle-Jardinière à Paris, se décidèrent, en 1869, à adopter l'emploi du nouveau système pour leur vaste établissement ; 60,000^m d'air refroidi à 10° sont introduits par heure dans le magasin sans qu'il en résulte aucune incommodité pour personne et la ventilation d'une aussi grande capacité a été parfaitement résolue.

Les manufactures de Tabacs de France adoptèrent le système pour leurs séchoirs, les manufactures d'armes pour l'enlèvement des poussières résultant du rifflage des meules ; les brasseries pour le refroidissement des caves ; les filatures pour l'humidification de l'air, etc... partout les mêmes bons résultats furent obtenus.

Nous devons donc considérer le problème de la ventilaton comme résolu d'une façon pratique ; souhaitons que dans un avenir peu éloigné nos monuments, nos musées, nos théâtres, nos ateliers et nos salons mêmes, soient mis à même de profiter du progrès considérable qui vient d'être accompli, et félicitons l'industrie moderne de l'effort qui vient d'être fait au point de vue de notre hygiène générale, ainsi qu'à celui des perfectionnements de nos procédés industriels.

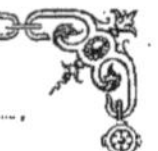

INDUSTRIE DE LA JOAILLERIE
ET DES PIERRES PRÉCIEUSES

LES DIAMANTS HISTORIQUES

Avant d'entamer la description de l'industrie de la joaillerie et des pierres précieuses à l'Exposition de Lyon, et d'énumérer les chefs-d'œuvre qui se trouvent étalés aux yeux des visiteurs dans cette partie remarquable, nous croyons qu'il ne sera pas sans intérêt de rappeler les spécimens les plus rares des diamants dits historiques, dont la gravure ci-contre donne la représentation en grandeur naturelle.

1. Le Nizam. — 2. L'étoile du Sud, brute. — 3. Le schah. — 4. Le grand Mogol. — 5. L'Orlow — 6. Le Sancy. — 7 L'étoile du Sud, taillée. — 8. Le Régent. — 9. Le Ko Hi Noor. — 10. Le grand-duc de Toscane — 11. Le pacha d'Egypte. — 12. Le diamant bleu de M. Hope. — 13. Le même, recoupé.

Partie Industrielle du Livre d'Or

AVANT-PROPOS

Le LIVRE D'OR, comme nous l'avons fait comprendre, est un Mémorial d'honneur pour l'Industrie, où se trouvent inscrits les noms des hommes qui se sont distingués soit par leurs inventions et découvertes, soit par leurs fabrications supérieures, soit par leur activité ou leur intelligence, et qui, par cela même, ont amené le Commerce et l'Industrie au degré élevé où ils se trouvent aujourd'hui.

C'est une œuvre qui, tout en faisant connaître les services qu'ils ont rendus en ce sens, et en permettant d'apprécier les résultats acquis, donne le moyen de suivre une marche ascensionnelle et d'accomplir de nouveaux progrès dans toutes les branches que réclament les besoins de l'humanité et des sociétés. Mais, comme tel qu'il est conçu et établi, il ne peut et ne doit donner que des résultats précis et avérés, c'est-à-dire que sous aucune forme, même déguisée, il n'entend être une réclame ou une faveur pour les personnes ou les industries dont il parle; dans ces conditions, il devait donc se compléter d'une autre partie qui, libre de toute étreinte à cet égard, devait faciliter au contraire à tous les travailleurs le moyen de se faire connaître, de montrer leurs essais et leurs produits et d'arriver un jour ainsi à se placer au niveau de ceux qui les ont précédés dans la même carrière du Commerce et de l'Industrie.

C'est la *Partie industrielle* que nous publions à côté du Livre qui est destiné à ce but. Là, par conséquent, pourront s'établir toutes les ébauches du travail, tous les essais productions, toutes les tentatives d'inventions, les annon de nouveautés industrielles, les réclames pour attirer l tention sur des spécialités ou des combinaisons partic lières, etc.; en un mot, tout ce qui constitue la publi sérieuse et qui pousse le public peu à peu à juger, à appréc et à consacrer les efforts de l'intelligence industrielle.

Naturellement, ce qui sera écrit dans cette *Partie industri* ne devra pas être compris de la même manière que ce qui trouve dans le LIVRE D'OR. Dans un cas, ce sont des f réalisés et exacts, des productions établies et jugées, dans l'au au contraire, rien de fixe ni de positif, mais seulement résultats relatifs, c'est-à-dire qui peuvent devenir justes avérés, mais dont, pour le moment présent, nous n'avon prendre aucune responsabilité.

Cependant, pour continuer le but que nous nous som proposé, et que doivent atteindre le progrès et les Expo tions, nous profiterons des sujets qui seront établis d cette *Partie industrielle*, pour donner sur chaque objet d nous aurons à parler, tous les détails techniques et possib afin non seulement de seconder l'industriel dans ses eff et le public dans l'appréciation de ce qui lui est soumis, m encore d'instruire et de renseigner de façon à pousser toujo à l'accomplissement de l'œuvre générale du travail, qui le bien fait et la perfection.

ART DE L'IMPRIMERIE

PRESSES A JOURNAUX

—

On connaît depuis longtemps, pour l'impression des journaux, des appareils dits *presses à réaction*, qui permettent de tirer un très-grand nombre d'exemplaires à l'heure et dont la disposition pour l'encrage est telle, que des rouleaux encreurs, placés entre les cylindres, permettent à la forme de parvenir toujours encrée à chacun d'eux. De plus ces machines impriment aussi bien à l'aller qu'au retour, chaque cylindre tournant alternativement dans un sens ou dans l'autre, c'est ce qui a fait donner à ces modèles le nom de presses à réaction. On comprend en effet qu'en organisant les cordons de telle sorte que la feuille retournée par des rouleaux revienne par son autre extrémité sur le cylindre imprimeur du second côté, les quatre pages étant disposées sur le marbre, il s'ensuit que la feuille d'abord imprimée d'un côté revient en second lieu imprimer le côté opposé, à la tête de la première impression, et fournir par cela même deux exemplaires sur papier double. Les machines construites jusqu'à ce jour dans ce système, sont de 2 à 4 cylindres.

M. ALAUZET, constructeur (passage Stanislas, 6, à Paris) a établi récemment des appareils de ce genre, à deux et à quatre cylindres, dont une, entre autres, est appelée à rendre de grands services : nous voulons parler de sa *presse à réaction à deux cylindres*, permettant de faire une mise-en-train. Ce problème résolu, nous donne à comprendre que chacun des cylindres fait une révolution complète, afin que le tra-

Presse à réaction à deux cylindres, permettant de faire une mise-en-train

il des découpages et des charges agisse directement dans tout son développement sur la forme.

Sauf la plus grande vitesse donnée à tout l'appareil cause qui contrarie la touche pour l'encrage des formes — il sera donné aux praticiens de pouvoir imprimer d'une manière satisfaisante les labeurs, et même les journaux illustrés.

Nous venons de parler de la *touche* (encrage), en manifestant certaines appréhensions; mais M. Alauzet y a paré par des *toucheurs* placés au centre de sa machine, entre les deux cylindres. — Là ne serait pas l'innovation, car ce système existe déjà; mais il a eu l'heureuse inspiration d'adjoindre à ces toucheurs, des *chargeurs* ou *coureurs* superposés, qui distribuent et *corroient*, — qu'on nous permette cette expression — l'encre et renouvellent les molécules colorantes en les déplaçant sans cesse.

Les typographes n'ignorent pas qu'une bonne touche entre pour moitié dans la réussite d'un tirage. La touche a toujours été le *desideratum* des constructeurs consciencieux, et M. Alauzet est un de ceux qui ont fait le plus d'efforts pour atteindre la perfection qui est la récompense d'efforts persévérants.

Nous nous promettons d'entretenir nos lecteurs, des autres créations de M. Alauzet.

Le peu d'espace qui nous est accordé aujourd'hui, ne nous permet pas de nous étendre davantage. Cependant, nous recommandons aux Imprimeurs la *presse à retiration avec margeur automate*, imprimant le papier sans fin, que cet ingénieux mécanicien, persévérant dans ses recherches, offre aux chefs d'établissement qui ont de grands tirages à effectuer.

Presse à retiration avec margeur automate

ART DE LA GALVANOTYPIE
APPAREIL POUR FAIRE LES CLICHÉS DU TEXTE ET DES GRAVURES

. La galvanoplastie, cette précieuse conquête de la science moderne, est loin d'avoir reçu, en industrie, toutes les applications dont elle est susceptible. Cependant, depuis la découverte de la merveilleuse perfection avec laquelle la gutta-percha prend l'empreinte des bois les plus délicatement gravés, un progrès s'est accompli, et l'art du clichage en cuivre par ce système a été créé. Les éditeurs d'ouvrages illustrés ont compris de suite combien, par ce procédé, en effet, il était avantageux de conserver intactes des gravures souvent d'un grand prix, avec lesquelles ils peuvent obtenir un nombre considérable de clichés donnant une impression plus nette que le bois lui-même. Par suite de cette facilité de reproduction, des échanges internationaux ont été créés, des ouvrages dont l'illustration eût été impossible, ont été publiés, et de nombreux travaux ont été ainsi procurés à l'imprimerie.

L'emploi de la galvanoplastie en ce sens, est donc devenu un auxiliaire obligé de la typographie, à un point tel, que chaque imprimerie devra, à un moment donné, être en possession d'un atelier de clichage galvanoplastique. Convaincu de l'emploi de plus en plus fréquent de ce système, M. Boildieu, constructeur, 8, rue du Regard, à Paris, s'est attaché à orga-

Pile et Cuve en gutta-percha (Système Boildieu)

niser des appareils spéciaux pour ce genre d'industrie, en ayant recours aux lumières des savants qui ont fait de l'électricité le but de leurs travaux. Notre figure représente une des dispositions de M. Boildieu; l'on y voit une ingénieuse construction de cuves avec une installation économique des piles, ainsi qu'une organisation particulière des conducteurs de l'électricité qui assure la complète utilisation du fluide, et permet de régler les courants de manière à arriver à la formation d'un métal homogène comme cliché. Telle qu'elle est représentée, cette installation est au niveau des découvertes scientifiques et pratiques, donne d'excellents résultats, et peut se placer partout où besoin est, et cela sans grande dépense aussi, ne pouvons-nous pas mieux faire que d'en recommander l'emploi et l'usage à tous les imprimeurs et éditeur d'ouvrages. En effet, le clichage des livres tend à se généraliser peu à peu, et rien n'est plus propre à se procurer des œuvres sérieuses et parfaites que le procédé de la galvanoplastie, tant sous le rapport du fini et du travail, que comme prix de revient relatif avantageux.

M. Boildieu, indépendamment des appareils de galvanotypie, s'occupe de tout le matériel typographique; il nous a gracieusement offert de puiser dans le riche album de dessins de ses machines, appareils outils créés par lui dans le but de faciliter le travail, de le rendre plus précis, plus productif et moins coûteux. Le cas échéant, nous profiterons de son obligeance.

Fils de ses œuvres, travailleur infatigable, mieux qu'à tout autre il lui a été permis de s'apercevoir des nombreuses imperfections du matériel routinier qui, malheureusement, subsiste encore dans bien des imprimeries, et de l'améliorer.

Dans une prochaine livraison nous serons heureux de lui consacrer un nouvel article.

MATÉRIEL D'USINES
MACHINE A VAPEUR A DEUX CYLINDRES, A DÉTENTE ET A FORCE VARIABLES

La machine à vapeur à deux cylindres du système Dubuc, dont nous donnons la représentation dans la figure ci-contre, est verticale ou horizontale, sans condensation, et présente une grande économie de combustible sur toutes les machines à vapeur connues jusqu'à ce jour. En général, en effet, les machines à vapeur sans condensation dépensent au minimum de 3 à 4 kilogrammes de charbon par heure et par force de cheval, avec des chaudières produisant de 7 à 8 kilogrammes de vapeur par kilog de charbon; conditions ordinaires d'une bonne vaporisation. La machine Dubuc, dans les mêmes allures de vaporisation ne consomme au maximum que 2 kilog de charbon et par force de cheval. C'est donc une économie d'au moins un tiers de combustible, résultat dû nécessairement à un emploi rationnel de la vapeur. Aucune machine de ce système à deux cylindres n'est livrée sans cette garantie formelle de *consommation, maximum de 2 kilog par heure et par force de cheval.*

Pour bien faire comprendre que cette économie de combustible provient de ce système de machine, et non de la chaudière qu'on pourrait employer, nous dirons que dans tout établissement où une machine quelconque est déjà installée, si on remplace le moteur par un appareil Dubuc, tout en voulant conserver la chaudière, quelles que soient les conditions de la vaporisation, on garantit également que la machine Dubuc procure la même économie d'au moins un tiers de combustible sur la consommation actuelle. Comme on peut le voir dans la figure, dans cet appareil, on introduit la vapeur avec détente dans le petit cylindre, où de là, elle va se détendre de nouveau dans le grand cylindre, ce prolongement de détente dans le grand cylindre est une des causes principales de l'économie de combustible. Nous croyons devoir ajouter que ses avantages sont encore : 1° lorsqu'on veut obtenir une augmentation de force, on peut introduire la vapeur directement dans les deux cylindres et cela instantanément, sans démontage de pièces; 2° en cas de réparation à l'un des cylindres ou organes de l'un d'eux, on peut marcher avec l'autre cylindre, car on peut fermer toute communication entre eux deux; on a donc toujours ainsi à sa disposition une partie du moteur et l'on n'a pas à craindre de chômages pour causes de réparations; 3° les manivelles étant calées à angle droit, les points morts sont ainsi évités, et on pourrait dès lors, comme dans les locomotives supprimer l'emploi du volant.

Quant à la construction, l'on voit que les cylindres des directrices, paliers, etc., sont fondus avec la plaque de fondation, ce qui évite les assemblages et les joints, et donne, par conséquent, une grande solidité à la machine, diminue les réparations, tout en étant d'un démontage facile; tous les organes étant fixés sur une seule plaque, les machines sont donc toujours prêtes à fonctionner, et peuvent être ainsi expédiées, ce qui évite encore de grands frais, car les fondations sont en parties supprimées, le poids du bâti étant suffisant en beaucoup de cas pour éviter les ébranlements, etc. Enfin, malgré ces avantages, le prix des machines Dubuc à deux cylindres est encore inférieur au prix des machines d'égale force à un seul cylindre, sortant des bons ateliers de construction.

INDUSTRIE DES BOIS

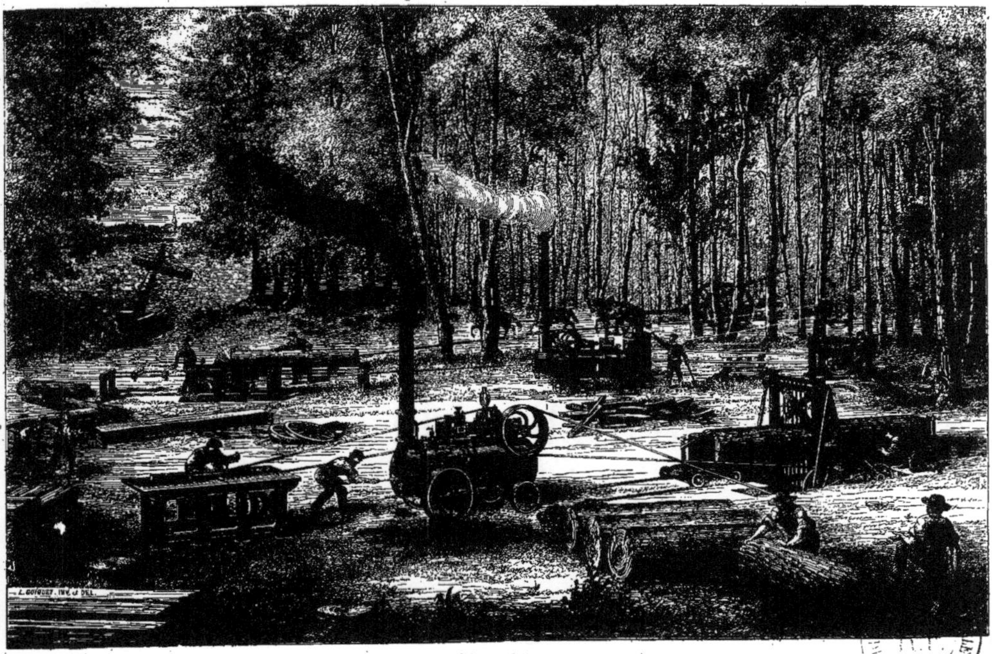

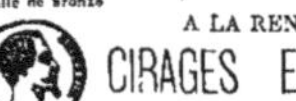

Sciage en forêts

Tout le monde sait les manœuvres nombreuses et ûteuses, que nécessitent l'exploitation et le débit, planches ou en madriers, des arbres des forêts, ainsi e les transports pénibles et lointains qu'on était obligé faire subir aux troncs de certaines dimensions, qui étaient surtout un obstacle au travail des bois; cause d'eux les prix en étaient excessifs, difficiles, uvent même inabordables. L'emploi des machines ur scier et débiter le bois a donc dû s'étendre de plus plus; aussi depuis quelques années, se sont-elles pandues d'une manière très-rapide, et ont-elles fait itre l'exploitation et le sciage en forêts qui, tout en rmettant d'en tirer un meilleur parti, a fait appliquer s bois à des travaux plus difficiles. Le progrès aidant, a été plus loin, et des appareils spéciaux ont fait availler d'une manière plus rationnelle : c'est ainsi 'on a fait à la mécanique des moulures, des parquets, s roues de voitures, des tonneaux, des poulies, etc., en un mot, tous les genres que nécessitent en grand les besoins de l'industrie. Nous n'avons pas besoin de dire qu'à l'aide de ces procédés, les ouvrages sont confectionnés avec une précision, une fixité et une régularité vraiment admirables, et qu'obtiendrait difficilement le travail manuel. Pour le faire comprendre, nous entrerons plus tard dans le détail des divers genres d'instruments qui accomplissent ces opérations. Pour le moment, notre gravure ci-dessus donne une vue générale des procédés et instruments servant à l'exploitation du bois en forêt. Les appareils qui y sont représentés viennent de la maison F. Arbey (Cours de Vincennes, 41, à Paris). On y voit des locomobiles, donnant le mouvement général à l'aide de courroies, à des appareils divers, tels que scies multiples pour débiter le bois en planches ou en feuillets, scies circulaires pour le découper en chevrons ou en madriers, treuils pour soulever et placer les troncs, machines à percer, à mortaiser, etc., en un mot, à des engins de toute nature appropriés aux façonnements et travaux premiers, qui permettent dès lors d'adapter la matière plus commodément aux exigences des constructions et des emplois spéciaux de l'industrie. Nous n'insisterons pas sur l'ensemble des opérations représentées sur le présent dessin, car il se comprend immédiatement, et il montre clairement et nettement tout le parti que le jeu des machines peut donner en se substituant au travail manuel, non-seulement parce qu'il enlève à l'ouvrier des fatigues et des peines inutiles, mais, parce qu'il produit à meilleur compte et dans des conditions avantageuses des opérations plus rapides et plus parfaites. Nous reviendrons plus loin, afin de le faire mieux apprécier, sur le détail et la construction des diverses machines qui permettent d'atteindre ce but.

L'Administrateur : A.-E. Rochette

Paris — Imprimerie A.-E. Rochette, 90, Boulevard Montparnasse

Partie Industrielle du Livre d'Or

INDUSTRIES SPÉCIALES

MANIPULATIONS ET TRANSPORT ÉCONOMIQUE DES EAUX MINÉRALES ARTIFICIELLES ET NATURELLES

par M. PERNET, angle des rues Crillon et de Masséna, à Lyon.

Comme l'emploi des eaux minérales, tant naturelles qu'artificielles, se généralise chaque jour, tant au point de vue thérapeuthique, que sous le rapport de l'agrément, et qu'un grand nombre de fabriques se sont installées de tous côtés, pour répondre à ce besoin pressant, il était utile de construire des appareils spéciaux qui puissent laisser à ces préparations leurs vertus et qualités convenables, et, dès lors, de répondre aux exigences de la consommation.

M. PERNET (de Lyon) nous paraît avoir réalisé d'heureuses dispositions en ce sens, en trouvant un agencement d'instruments disposés de telle façon que les manipulations, la mise en bouteille, l'expédition, etc., des eaux minérales artificielles ou naturelles, fussent dans les meilleures conditions possibles pour conserver à ces produits tout le goût, tout le gaz, toute la pureté, etc., désirables et les faire en un mot ressembler identiquement à celles qui se trouvent sur les lieux mêmes d'où sortent les sources de ces eaux. Ajoutons qu'à l'aide de ces appareils, la main-d'œuvre, qui, en pareille circonstance, élève toujours les frais d'une manière très-onéreuse pour le consommateur, est réduite de beaucoup et permet de livrer les eaux à des prix plus abordables, et dès lors plus en rapport avec les services que réclame le consommateur.

De nombreux certificats de médecins, beaucoup de rapports favorables de savants, des récompenses de Sociétés techniques, etc., accordés à M. Pernet, peuvent démontrer au public que tous les efforts dans la voie d'amélioration que l'inventeur a déjà parcourue dans ce sens, ont été parfaitement appréciés et reconnus par les hommes de métier et qu'il est en droit de lui donner désormais sa confiance. Du reste, pour permettre de juger les appareils et manipulations adoptées dans ce travail, nous donnons ici une esquisse des instruments appropriés à cet effet par M. Pernet : c'est une vue des ateliers où se manipulent les eaux, leur mise en bouteilles, etc., où un seul ouvrier peut mettre en 24 heures plus de 60,000 litres d'eau minérale dans des bonbonnes incassables, et bouchées hermétiquement, et dès lors empêchant toute évaporation de gaz; dès lors gardant à ces liquides toutes les propriétés provenant de cette gazéification.

DESCRIPTION DU FONCTIONNEMENT

DES

MACHINES SYSTÈME-SUSINI

Machine Verticale à fabriquer la Cigarette

DU

MODULE-ESPAGNOL

Cette Machine, au moyen d'une aspiration pneumatique intermittente, saisit successivement, et un par un, les feuillets de papier qui doivent servir à rouler la cigarette.

Ces feuillets ont été coupés à l'avance en rectangles de dimensions données, et avec une précision mathématique, à l'aide d'un appareil accessoire coupe-papier spécial, en forme de scarificateur à double effet, entièrement nouveau, qui, agissant alternativement, et à des distances invariables, sur plusieurs feuilles réunies d'un papier fabriqué à la main. collé ou non collé, dit « à la forme, » taille verticalement et horizontalement les feuillets à cigarettes. Ce papier est le seul qui puisse être employé, dans presque tous les pays d'origine espagnole, si l'on veut satisfaire le goût des fumeurs de Cigarettes.

Ainsi préparés, les feuillets sont disposés verticalement dans une case rectangulaire en métal, placée elle-même dans le sens horizontal et quelque peu obliquement sur la seconde des deux entretoises de la machine.

Du centre du fond de cette case rectangulaire part la tige horizontale d'un piston intérieur à base verticale, de forme rectangulaire et dont l'action se produit horizontalement. Un cordon, fixé à l'extrémité de la tige du piston, se dirige parallèlement à cette tige vers un tenon court placé à l'extérieur, et horizontalement au fond de la case rectangulaire, le traverse, et supporte un contre-poids qui agit sur l'extrémité de la tige du piston, de manière que ce dernier, par une poussée constante vers le fond de la case rectangulaire réglée par le contre-poids, fait avancer intérieurement vers l'ouverture de sortie de cette case rectangulaire un paquet de feuillets, qui y été introduit à la main par une trappe latérale à coulisses.

Une autre aspiration pneumatique qui se produit avant la précédente, jointe à un interrupteur vertical guidé par une came, armé de lancettes horizontales, très-simple et très-ingénieux), qui opèrent en combinant leur action et par intervalles sur les angles de droite supérieur et inférieur des feuillets, soulèvent les angles du premier, et appuient les lancettes sur deux des suivants, pour qu'ils n'en sorte qu'un à la fois. C'est alors que la seconde aspiration pneumatique, dont il a été question au commencement de cette description, se produit dans la case rectangulaire, et opère à travers un planchette également rectangulaire aspirante, qui se présente pour prendre un feuillet du paquet. Cette planchette aspirante est creuse et perforée, deux de ses angles sont chanfreinés pour livrer passage aux lancettes horizontales de l'interrupteur vertical. Un tube mobile en caoutchouc, adapté à une colonne creuse, met en communication la planchette aspirante avec une pompe pneumatique oscillante, à la fois aspirante et refoulante, placée verticalement dans le socle de la machine, du côté opposé au volant, dont l'axe horizontal la met en mouvement. Une fois saisi, le feuillet se trouve pressé horizontalement entre le centre de

la planchette même et le bord gauche de la case rectangulaire. Le long de ce bord se trouve un timbre en acier gravé en relief, correspondant avec un second timbre en bronze, gravé en creux et placé au centre de la planchette aspirante : de sorte qu'en vertu de la pression à laquelle il est soumis, le feuillet reçoit une empreinte en relief, et se retire avec le nom, la contre-marque ou le signe de fabrique que l'on désire ; par ce moyen toutes les cigarettes se trouvent ainsi timbrées à sec.

Du timbre, le feuillet est conduit par la planchette aspirante vers un moule vertical en bronze en face duquel il le met à angle droit en lui faisant introduire sa tranche gauche par une rainure longitudinale pratiquée à cet effet dans le moule.

Une pince cylindrique tournante en acier, qui est descendue toute ouverte jusqu'au fond du moule, soutenue par deux tiges verticales fixées latéralement et guidée par une came fendue et portant une section circulaire à crémaillère, se referme alors pour saisir le feuillet par la tranche gauche.

A ce moment la pompe pneumatique cessant de faire le vide, la planchette aspirante lâche le feuillet, et la pince en acier commence son mouvement de rotation dans l'intérieur du moule, en forçant le feuillet à y pénétrer complètement et à prendre la forme cylindrique en s'enroulant autour d'elle jusqu'à ce qu'il ait rempli la partie creuse intérieure du moule qui représente la grosseur que devra avoir la cigarette.

Le feuillet entraîné par la pince tournante s'est tout d'abord frisé dans le sens de la longueur en passant à frottement entre le fil d'une lame verticale en acier trempé, montée sur des ressorts modérateurs, et entre l'angle droit du bord postérieur de la planchette aspirante. Dans ce tube, celle-ci a fait un quart de conversion à gauche, et s'est mise en contact avec la lame d'acier pour que le feuillet soit forcé de se friser à sa sortie par un fort frottement entre les deux pièces.

Le moule en bronze est ouvert à ses deux extrémités : sa longueur est celle qu'aura la cigarette quand elle sortira, toute finie et pliée, de la machine. Comme pour cette raison, le moule doit être d'un centimètre plus court que le feuillet, il en résulte que le cylindre en papier que forme celui-ci va dépasser de cinq millimètres tant par en haut que par en bas. Les bouts qui ressortent doivent servir à former les têtes pliées de la cigarette.

Un appareil plieur, composé de trois ongles en acier, étudiés géométriquement et très-ingénieusement articulés pour produire des résultats identiques, dans la forme, à ceux du coup d'ongle de l'ouvrier pour faire les têtes des cigarettes, module havanais, qu'on fabrique à la main, s'avance alors horizontalement sur la deuxième entretoise de la machine, et fonctionne dans le sens vertical pour plier l'extrémité inférieure du cylindre en papier. A partir de ce moment ce cylindre se trouve converti en une cartouche de la grosseur de la cigarette, fer-

mée par en bas seulement et cessant de dépasser le moule en bronze à sa partie inférieure.

La pince en acier s'ouvre ensuite, abandonne la tranche du feuillet, et remonte jusqu'à son point de repos en laissant dans le moule la cartouche vide qui ne le déborde plus que par en haut.

Une demi-lune plate, métallique qui, au moment où la pince en acier allait remonter, est venue appuyer horizontalement contre elle, jusqu'à la moitié de sa circonférence et au-dessus de la cartouche de papier, le fil de sa partie semi-circulaire, empêche celle-ci de sortir du moule en suivant la pince qui pourrait l'entraîner dans son mouvement ascendant.

Par un tiers de tour de l'arbre central de la machine, qui fait tourner un plateau circulaire où est suspendu le moule en bronze par sa partie postérieure, la cartouche de papier se trouve transportée au-dessous d'un appareil emplisseur. Pour permettre ce mouvement, l'appareil plieur de la tête inférieure de la cigarette s'est retiré horizontalement tandis que la pince remontait verticalement.

Pendant que les opérations ci-dessus s'effectuent, un petit appareil à hacher, annexé à la machine, placé horizontalement en haut, et qui diffère peu des grandes presses à hacher le tabac, en a coupé la quantité nécessaire pour une cigarette, et l'a déposée dans une palette à rebords qui a pris la position horizontale pour la recevoir.

Le tabac a été coupé soit d'un tas de feuilles comprimées légèrement, ou soit d'un bloc de rognures ou de morceaux de tabac pressé modérément, qui ont été placés dans le conducteur horizontal de l'appareil à hacher et qui s'avancent sous une double action mécanique de pression et de traction, millimètre par millimètre, vers le tranchant d'un couteau vertical qui opère diagonalement et obéit à un levier articulé avec la bielle d'un excentrique qui est adapté à l'axe du volant de la machine.

Suivant les dispositions du tabac dont on emplit le conducteur de l'appareil à hacher, c'est-à-dire suivant qu'il est en feuilles, ou en rognures, ou en morceaux, la charge d'une cigarette tombe dans la palette à rebords, parfaitement coupée en filaments plus ou moins longs ou fins, suivant la progression du mouvement en avant que le propulseur de l'appareil à hacher imprime au bloc vers le tranchant du couteau, et cela sans produire de débris ni de poussière parce que le tabac a été préalablement arrosé à un degré hygrométrique convenable avec une préparation spéciale pour la cigarette et coupé diagonalement et lentement.

La palette réceptrice prend alors la position oblique, déverse la quantité de tabac coupé qu'elle a reçue, et l'étend le long d'un comprimeur vertical mobile en fer, qui s'ouvre obliquement, et dont le fond creusé en canal forme un demi-mouleur horizontal pour le tabac.

La cartouche de papier une fois rendue sous l'appareil emplisseur, le comprimeur vertical mobile se ferme et fait descendre à l'intérieur une planchette latérale à fond creusé aussi en canal, et constituant un second demi-mouleur pour le tabac. La concavité de ce demi-mouleur se trouvant en sens opposé à celle de l'autre moitié du mouleur du fond du comprimeur, quand ces deux concavités viennent à se juxtaposer, elles forment de la sorte un mouleur complètement cylindrique, dans lequel le tabac se comprime suivant la longueur et sous un diamètre un peu plus petit que ne doit l'être celui de la cigarette.

Le comprimeur exécute simultanément avec cette opération un quart de tour à droite, de manière que son mouleur du fond, qui occupait la position horizontale au moment de recevoir de la palette le tabac détendu qu'il a comprimé depuis, vient coïncider perpendiculairement à la cartouche en papier et prend la position verticale qu'occupe celle-ci. Du même coup le comprimeur introduit dans la partie de cette cartouche en papier, qui déborde le moule en bronze, la gorge en acier d'un petit entonnoir qui correspond avec l'orifice par où doit sortir le tabac du mouleur du comprimeur.

Une petite tenaille à ressorts, à prise circulaire, placée horizontalement à côté de la gorge de l'entonnoir du comprimeur, vient à se fermer pour fixer contre cette gorge d'entonnoir la partie supérieure de la cartouche de papier qui ressort du moule en bronze, de manière à empêcher la cartouche de bouger, ou de se froisser ou de se déchirer au moment où elle reçoit la charge de tabac qui lui est destinée.

A cet instant, la planchette latérale à fond concave du comprimeur remonte un peu, pour permettre au tabac de se dilater dans le mouleur et l'empêcher de faire résistance à sa sortie. On voit immédiatement descendre une baguette-refouloir cylindrique, mue par un balancier horizontal qui bascule sur un pivot placé dans la plate-forme circulaire de la machine, et qui communique, par une bielle avec un excentrique fixé dans l'axe du volant de ladite machine : cette baguette, en séparant deux galets à surface concave placés parallèlement l'un à l'autre, sur la couverture de la bouche d'entrée d'un orifice pratiqué à l'extrémité supérieure du mouleur du comprimeur (ce mouleur étant maintenant considéré dans la position verticale) fait fonctionner, dans le but qui a été dit, la petite tenaille à ressorts. Cela fait, la baguette pénètre par l'orifice du côté des galets, et, traversant le mouleur du comprimeur, en chasse doucement le tabac qui s'y trouve étendu et moulé, le fait sortir par l'autre orifice qui est à l'extrémité opposée de ce mouleur et qui correspond avec la gorge du petit entonnoir contre les parois duquel s'appuie la tenaille à ressorts, le fait passer par cet entonnoir, et le force enfin à entrer dans la cartouche en papier, où le tabac se gonfle pour remplir toute la cavité sans laisser aucun vide circulaire, et sans former de bosses.

La baguette remonte immédiatement à son point de repos, permettant ainsi à la tenaille à ressorts de s'ouvrir et de lâcher la partie de la cartouche de papier qui dépasse le moule en bronze, et à l'orifice du mouleur du comprimeur de se boucher à nouveau du côté des galets. Le comprimeur refait alors en arrière son quart de tour, et reprend sa position verticale première, après avoir ainsi dégagé la gorge de l'entonnoir de l'intérieur de la cartouche en papier, qui se trouve maintenant remplie de tabac jusqu'à la hauteur convenable. Jusqu'alors cette cartouche n'est pas sortie de son moule, qu'elle continue à dépasser par en haut d'un demi centimètre.

Un second tiers de tour du plateau circulaire où est adapté le moule en bronze transporte celui-ci avec sa cartouche en papier chargée de tabac à l'endroit où est placé l'appareil plieur de l'extrémité supérieure de la cigarette. Ce pliage s'effectue au moyen de trois ongles mécaniques semblables à ceux qui ont servi pour l'extrémité inférieure, mais qui sont fixes, et en sens inverse, et disposés au-dessous de la première entretoise de la machine. La tête supérieure ainsi pliée, la cigarette est parachevée, et elle se trouve maintenant renfermée dans le moule en bronze, qu'elle ne dépasse plus ni d'un côté ni de

l'autre, et d'où il ne reste plus qu'à la faire sortir. Voici comment a lieu cette opération.

Un nouveau tiers de tour du plateau circulaire qui porte le moule en bronze ramène celui-ci à son point de départ, et la pince tournante en acier, qui redescend pour prendre un nouveau feuillet, en entrant à cet effet dans le moule, chasse la cigarette, la force à passer verticalement par une ouverture ménagée entre les organes des ongles du plieur du bout inférieur, et la fait tomber dans un petit tube vertical en cuivre dont l'extrémité est ouverte en forme de rigole inclinée, et aboutit à un récipient mobile où la cigarette, toute confectionnée, va se déverser.

A mesure que ce récipient s'emplit, un compteur mécanique circulaire placé à la partie supérieure de la machine sur le couvercle du distributeur de tabac, en marque le contenu sur son cadran dont les aiguilles avancent par unité et par centaine ensuite, à chaque tiers de tour de l'arbre central de la machine. Le récipient mobile à cigarettes dont on vient de parler sera remplacé sous peu par une toile sans fin qui conduira la cigarette à une machine à empaqueter dont les études sont terminées et la construction déjà très avancée.

La machine possède trois moules en bronze équidistants qui glissent au-dessus d'un guidon fixe circulaire en bronze, et lesquels sont suspendus verticalement par derrière à un plateau circulaire aussi, qui fait, avec l'arbre central, une évolution d'un tiers de tour à chaque fois. Chacune des opérations qu'on vient de décrire s'exécute successivement pour chaque cigarette, et les moules changent de place à chaque tiers de tour du plateau circulaire, qui ne fait son évolution que quand tous les moules ont vu s'effectuer les opérations respectives des organes qui sont placés d'une manière fixe aux endroits où ces moules se sont transportés.

Il résulte donc de ceci que quand la machine est en fonctionnement, il se fait trois cigarettes à la fois : avec cette différence qu'au moment où le moule de la première est arrivé, par suite du second tiers de tour du plateau circulaire, au point où se trouvent les ongles qui font la tête supérieure de cette cigarette et l'achèvent, le moule de la deuxième cigarette a atteint, par le même tiers de tour, l'endroit où il est allé recevoir la charge de tabac, et le moule de la troisième cigarette se présente simultanément à la place où le feuillet de papier va être saisi à l'intérieur de ce moule par la pince tournante en acier. En termes plus clairs quand la machine fait la cartouche en papier de la première cigarette, la seconde se charge de tabac et la tête supérieure de la troisième se plie. Le plateau circulaire qui supporte les moules en bronze effectue sa révolution complète à chaque vingt-quatre tours de volant, le plateau circulaire décrivant un tiers de révolution, il se produit une cigarette complètement finie : une autre est aux deux tiers de sa fabrication, et l'autre au premier tiers.

L'importance du rendement industriel de la machine par minute dépend donc de la vitesse qu'on imprime au volant, et qui, dans tous les cas, ne doit pas dépasser deux cents tours (ce qui équivaut à une production nette de vingt cigarettes), si l'on veut être certain d'en fabriquer toujours d'irréprochables au point de vue d'une régularité et d'une uniformité parfaites, et dans de bonnes conditions.

Quand il s'agit de faire fonctionner cette machine avec du tabac coupé à l'avance en fragments plus ou moins rectangulaires en gros (tabac broyé à la façon dite espagnole ou havanaise) on remplace le petit appareil à hacher le tabac en feuilles, ou en rognures ou en morceaux, par une grande cloche fixe où l'on verse à la main le tabac broyé. Cette cloche s'adapte verticalement sur la partie supérieure de la machine et elle est mise en communication, par son fond, avec un distributeur tournant qui alimente verticalement le comprimeur : cette même cloche est pourvue à l'intérieur d'un appareil agitateur horizontal à rotation, armé de palettes verticales remuant constamment le tabac broyé pour en empêcher l'agglomération. Il communique avec le distributeur par une ouverture horizontale rectangulaire pratiquée à travers de la plate-forme circulaire de la machine, qui livre passage au tabac broyé, pour remplir les rainures disposées

horizontalement sur la surface convexe du distributeur ; une cheville sert à régler à volonté toutes ces rainures à la fois, de manière qu'elles ne reçoivent et ne conduisent que la charge de tabac broyé qu'on désire mettre dans la cigarette.

Le distributeur tourne à l'intérieur d'un tambour fixe, cylindrique, fermé, sur le couvercle circulaire duquel se place le compteur mécanique dont il a été fait mention.

Le tambour du distributeur est pourvu, à sa partie inférieure, d'un tiroir avec porte mobile, s'ouvrant obliquement juste au-dessus du comprimeur, de sorte qu'à chaque fois qu'une rainure du distributeur intérieur tournant se présente au-dessus et achève de verser sa charge dans le tiroir du tambour qui est fermé obliquement, la porte du tiroir s'ouvre, et la quantité de tabac broyé mesurée pour une cigarette tombe, par son propre poids dans le comprimeur.

Celui-ci se ferme immédiatement pour fonctionner comme il a été dit plus haut, moule dans son fond la charge de tabac qu'il vient de recevoir, et la dispose de façon à pouvoir être chassée doucement, et d'une seule poussée, dans la cartouche en papier par la baguette-refouloir. On a déjà vu que cette dernière descendait quand le comprimeur avait changé de position et après avoir introduit la petite gorge de son entonnoir dans la partie supérieure de la cartouche en papier qui déborde le moule en bronze.

La hauteur de cette machine, y compris le socle, est de 1m80, et sa largeur, de 0m70. Elle pèse environ 250 kil. Son bâtis se compose d'une plate-forme circulaire montée sur 3 colonnes tournées qui reposent verticalement sur un socle en fonte découpé à jour de forme octogone, que soutiennent 4 pieds de même métal.

L'une des colonnes est creuse pour pouvoir communiquer, par un tube fixe en métal, qui passe par l'intérieur du socle avec la pompe pneumatique, et par un second tube mobile en caoutchouc vulcanisé avec la planchette aspirante.

Entre le socle octogone et la plate-forme circulaire les trois colonnes tournées supportent deux entretoises découpées à jour pour les besoins du mécanisme qui se trouve entièrement compris, et d'une manière palpable dans cet espace, de sorte que le fonctionnement de tous les organes est parfaitement visible.

Il est facile d'entretenir la machine dans un état constant de propreté, cela se fait par l'action foulante d'une colonne d'air comprimé que dégage un soufflet ordinaire ou mécanique, dont la lance se dirige à volonté, et de temps à autre sur tels points que l'on désire. Les détritus de tabac qui peuvent tomber accidentellement pendant la fabrication, bien qu'en quantité minime, sont toutefois recueillis dans des vases cylindriques en métal qu'on dispose au-dessous de la deuxième entretoise et sur le socle de la machine. Ces vases sont mobiles afin qu'on puisse en verser le contenu dans la cloche fixe placée au-dessus de la plate-forme circulaire, ou dans un dépôt indépendant de la machine, et de cette façon il ne se produit jamais de perte de tabac.

En tournant à la main une manivelle adaptée à l'axe moteur, ou en disposant sur une poulie actionnée fixée à l'axe du volant, une courroie sans fin en communication avec la poulie d'un arbre horizontal mû par la vapeur ou par un autre agent, soit physique soit animal, on met en mouvement tous les organes qui exécutent le travail industriel. La force nécessaire à cet effet est d'un vingt-cinquième de cheval vapeur par machine.

Les cigarettes que produit le type jusqu'alors construit, de la machine que l'on vient de décrire, mesurent 70 millimètres de longueur sur 7 d'épaisseur (diamètre) et peuvent contenir à volonté, suivant que le tassement est plus ou moins fort, de 70 centigrammes à un gramme de tabac, sans nuire aux conditions de compacité et de perméabilité à l'air sont nécessaires pour que la cigarette soit dans de bonnes conditions d'usage, et pour qu'elle ne soit trop lâche, ni trop serrée. Les dimensions du feuillet de papier qui sert à rouler la cigarette faite par cette machine, sont de 80 millimètres de long sur 31 1/2 large, de sorte que le diamètre de la cigarette est de 7 millimètres, sa circonférence est de 21 millimètres, et par conséquent son cylindre est recouvert une fois et demi par le feuillet.

Rien n'empêche de construire les organes de ce modèle de machines dans les proportions voulues pour faire des cigarettes plus petites et plus minces, ou plus longues et plus grosses que celles que l'on vient d'indiquer.

On peut, au besoin, supprimer dans cette machine verticale, la pompe pneumatique et la planchette aspirante en la construisant de façon à pouvoir y employer le papier continu fabriqué à la mécanique et coupé en bandes d'une largeur donnée et enroulées, comme est celui dont on se sert dans la machine horizontale, dont la description va suivre, et qui, de son côté, peut être construite pour fonctionner avec du papier fait à la main, dit « à la forme » : il suffit dans ce cas, d'y adapter la pompe pneumatique, la planchette aspirante, le récipient à feuillets et le friseur.

Machine Horizontale à fabriquer les Cigarettes

DU

MODULE FRANÇAIS

Avec du tabac frisé et enchevêtré et celle du **MODULE RUSSE**, dites **PAPYROS**, avec du tabac haché, avec et sans bouquins.

Les principes élémentaires de cette machine sont les mêmes que ceux de la verticale, dont on peut l'appeler une reproduction, les organes principaux étant identiques, sinon complètement dans la forme, du moins dans leurs effets.

Elle en diffère, cependant, par quelques détails que l'on va passer en revue.

Le papier qu'on emploie pour cette machine horizontale est continu, coupé suivant une largeur donnée et disposé par bandes formant un rouleau dont le centre, qui est évidé, s'emboîte sur un cylindre tournant possédant un disque de retient saillant à chaque extrémité : Ce cylindre est placé horizontalement à la partie antérieure de la plateforme rectangulaire qui fait la base du socle.

Cette bande de papier monte obliquement du cylindre tournant et passe horizontalement sur un autre cylindre tournant parallèle au premier, placé à la moitié de la hauteur du devant de la machine et mis en contact avec une règle horizontale fixe à guidons sur laquelle deux mains horizontales empêchent le papier de rétrograder.

Au fur et à mesure que la bande se déroule par l'action produite par une plaque et une planchette mobiles, dont on fera l'explication ci-après, elle glisse en avant sur la règle horizontale fixe à guidons, pourvue d'une section ou chariot mobile qui avance et recule.

La plaque en question est métallique, verticale, ascendante et descendante, pouvant aussi exécuter un mouvement en avant et en arrière. Elle s'appuie par intermittences contre la section ou planche mobile aussi ci-dessus mentionnée de la règle horizontale à guidons qui peut également avancer et reculer, et c'est ainsi que s'assujétit entre les deux pièces l'extrémité de la bande de papier.

Aussitôt les deux organes exécutent un mouvement en avant pour se séparer ensuite et retourner à leur point de départ.

A chacun des mouvements en avant des deux organes précités, la bande de papier, assujétie par eux, avance d'une distance égale à celle que mesure la largeur du feuillet nécessaire à une cigarette, (34 millimètres) et introduit horizontalement sa tranche extérieure c'est-à-dire la droite, dans la rainure du moule en bronze, dans l'intérieur duquel s'empare la pince tournante en acier.

Descend alors un couteau vertical, qui taille quelque peu diagonalement, et est adapté à la planche ascendante et descendante ; son fil, en entrant dans une rainure horizontale pratiquée dans la planchette aussi horizontale, coupe le feuillet qui doit servir à former le tube en papier de la cigarette collée.

Au moment où la bande de papier se trouve prise entre la plaque verticale ascendante et descendante et la section ou planchette horizontale mobile de va-et-vient, et avant que la pince en acier ne commence à tourner dans le moule en bronze pour former le cylindre en papier, la partie qui doit constituer le feuillet se marque en relief par suite de la pression qu'elle subit entre deux timbres placés l'un sur la plaque verticale ascendante et descendante, et l'autre sur la section ou planche horizontale mobile ; ces timbres sont gravés, l'un en relief et l'autre en creux du titre, contremarque ou signe de fabrique que l'on désire.

Comme il s'agit en ce moment de fabriquer avec cette machine des cigarettes du module français, le feuillet ne dépasse le moule en bronze que par l'extrémité de gauche par où doit entrer le tabac au travers de la petite gorge de l'entonnoir du comprimeur, et où doit agir la petite tenaille à ressort ; cela tient à ce que, comme cette sorte de cigarette doit être ouverte aux deux bouts et sans bouquin, il n'est pas besoin de laisser une partie du tube dégarnie de tabac, pour que les plieurs mécaniques y fassent leur office, comme dans la machine verticale.

Quand la pince en acier est sur le point de cesser de tourner, elle s'arrête un instant, et un appareil colleur vient imprégner d'un liquide adhésif le feuillet au-dessous de la tranche de gauche, c'est-à-dire la tranche intérieure.

Cet appareil se compose d'une boîte métallique rectangulaire contenant une solution de gomme, dextrine ou toute autre matière adhésive, où baigne un anneau mince de toile de caoutchouc, sans fin, sans couture, bien tendue ; cet anneau est d'une largeur égale à la longueur de la cigarette, et il tourne entre deux axes : l'un plus fort en métal qui effectue son mouvement de rotation dans le liquide, et l'autre plus fin en acier, qui est soutenu par deux supports verticaux latéraux s'élevant à l'extérieur du liquide.

Sous l'action d'un levier mu par intermittences par un excentrique, l'appareil colleur monte jusqu'à ce que la surface de la toile mince en caoutchouc, qui tourne sur l'axe fin extérieur, vienne se mettre en contact avec le dessous de la tranche de gauche du feuillet de papier, et l'imprégner ainsi de matière adhésive sur toute sa longueur, uniformément et sur un millimètre de largeur, ou moins, si on le désire.

L'appareil colleur que l'on vient de décrire peut être remplacé par un autre encore plus simple comme l'on va voir. Un fil de soie, caoutchouc, ou tout autre, bien tendu et sans fin, tourne entre deux petits galets parallèles placés à une distance égale ou un peu plus grande que la longueur de la cigarette et submergés jusqu'à la moitié, ou moins, de leur hauteur dans un bain de liquide adhésif.

Au moment où l'on doit mettre un filet de ce liquide sur le bord du feuillet, tout l'appareil colleur monte et le fil de soie, caoutchouc ou tout autre, qui marche horizontalement dans le sens de la largeur de la bande de papier qui correspond à la longueur du feuillet, en se mettant en contact avec la tranche de ce dernier, par une action verticale et horizontale, trace une ligne adhésive aussi fine qu'on le désire.

Ce système de collage peut encore être modifié comme suit :

Un vase ouvert et muni d'un robinet de réglage, contenant un liquide adhésif, est relié par un tube de caoutchouc avec un autre vase fermé, qui, à sa partie supérieure, a une ou deux petites rainures de la même longueur que la cigarette.

Le tuyau de caoutchouc qui est mobile, permet d'établir le niveau respectif des deux vases, et la pose de ceux-ci est basée sur la différence de niveaux combinée avec la pression atmosphérique.

Le vase ouvert se place donc en haut et le vase fermé en bas, de manière à ce que la différence des niveaux et la pression atmosphérique, comme il a été dit, fassent monter le liquide du vase ouvert jusqu'aux rainures percées dans la partie supérieure du vase fermé et n'en laissent passer qu'un petit filet, qui vient se déposer sur le bord de la surface intérieure du feuillet de papier à cigarettes par le mouvement mécanique qui a été expliqué.

Après l'entrée complète du feuillet dans le moule, la pince en acier finit de tourner à l'intérieur, et il en résulte que la partie du feuillet qu'a touchée la toile en caoutchouc enduite du liquide adhésif se trouve fixée sur la partie sèche enveloppant la pince tournante, et que le tube en papier est parfaitement collé.

L'introduction du tabac dans ce tube collé se pratique comme dans la machine verticale, avec cette seule différence que, comme les modèles en bronze de celle dont il est question maintenant sont dans le sens horizontal, comme le moule du comprimeur aussi, celui-ci n'a pas besoin de changer de position au moment où la cigarette va se charger de tabac. Le comprimeur ne fait qu'un léger mouvement de va-et-vient pour engager et dégager la petite gorge de son entonnoir de la partie du tube en papier qui déborde du côté gauche le moule en bronze, et contre laquelle opère la tenaille à ressorts, comme dans la machine verticale, et dans le même but.

On conçoit aisément que la suppression de la pompe pneumatique, de la prise du papier par feuillets détachés, du friseur en acier (que le collage des tubes rend tout à fait inutile), des plieurs des bouts de la cigarette, du distributeur roulant pour le tabac broyé, et du changement de position du comprimeur, rend cette machine horizontale encore moins compliquée que la verticale, dont, en définitive, elle n'est qu'une copie simplifiée.

La position horizontale, pour la construction de cette machine, a été adoptée comme étant la plus propre à l'emploi du tabac haché en filaments longs et enchevêtrés à l'instar du « caporal » et au collage des bords des tubes au moyen d'une matière liquide, telle que la requiert l'adhésion longitudinale des feuillets pour former des cylindres en papier n'offrant pas de solution de continuité circulaire.

Que s'il s'agit, avec cette machine, de fabriquer des cigarettes avec du tabac préalablement haché à la main ou à la machine en filaments longs (à la façon dite russe ou turque) ou avec du tabac frisé par torréfaction et enchevêtré (comme le caporal qu'on consomme en France) les organes à employer sont encore plus simples que ceux qui exécutent les opérations précédentes.

A cet effet, on remplace l'appareil à hâcher le tabac par un autre que l'on dispose en face du comprimeur et qui se compose d'une colonne supportant un plateau fixe à rebords. Ce plateau aboutit, de face, à une règle horizontale sur laquelle glisse un doseur rectangulaire large, ouvert, sans fond, ayant un côté mobile et un autre fixe et de la longueur d'une cigarette. Le tabac étant pris à la main sur le plateau et mis dans le doseur, celui-ci s'emplit, glisse sur la règle horizontale, la dépasse et, sans s'arrêter, va buter de son côté fixe contre le comprimeur : dans ce mouvement, la charge de tabac s'est resserrée, et se trouve assujétie entre le côté fixe et le côté mobile du doseur.

Le côté mobile s'écarte alors pour desserrer la charge de tabac, et comme le doseur n'a pas de fond, elle tombe naturellement, par son propre poids, dans le comprimeur, qui fonctionne à son tour pour lui faire prendre, dans son mouleur, la forme cylindrique qui lui permet d'entrer facilement dans le tube en papier.

Cette opération terminée, et on voit combien elle est simple, le doseur revient tout ouvert jusqu'au plateau fixe pour recevoir une nouvelle charge de tabac destinée à une autre cigarette, et la machine continue à fonctionner comme lorsqu'on fait usage de l'appareil à hacher qui fait corps avec la machine.

Ce qui est remarquable, quand on emploie avec cet appareil doseur du tabac enchevêtré comme l'est le caporal, c'est la cohésion qui unit ses particules dans la cigarette, sans nuire en rien à la perméabilité à l'air qui est indispensable pour qu'on puisse fumer aisément. Ainsi, si on enlève le papier de la cigarette, et qu'on prenne le tabac par une extrémité entre les doigts, en le tenant perpendiculairement, on le voit rester suspendu tout d'une pièce, sans qu'il s'en détache un grain, à moins de secouer le tout assez fort relativement à la résistance de la matière.

Si l'on dispose les organes de cette machine horizontale pour l'emploi exclusif du tabac coupé en filaments frisés par torréfaction et enchevêtrés (caporal) sans faire intervenir la main de l'ouvrier, leur simplicité est aussi bien grande.

En effet, après avoir légèrement comprimé cette sorte de tabac sous forme d'un pain rectangulaire des dimensions voulues, et même sans l'avoir comprimé on le place dans le récipient ou conducteur horizontal d'un appareil du genre de ceux à hacher dont il a été question dans la description de la machine verticale, mais dont on remplace les lames ou le couteau par un peigne diviseur et un peigne cardeur, en acier, dont il sera parlé plus loin.

Vers l'ouverture par où le tabac sort de cet appareil, la base ou tablette inférieure du récipient conducteur est plus longue que la tablette supérieure, qui, elle-même, se termine par une petite grille métallique horizontale par où entrent et ressortent les dents du peigne diviseur précité.

Le propulseur du récipient conducteur pousse en avant, lentement et par intermittences, la masse ou pain de tabac pour en faire saillir une petite section qui vient reposer sur la prolongation de la tablette inférieure.

Le peigne diviseur descend verticalement et, passant ses dents par la petite grille horizontale métallique de la planchette supérieure, traverse la masse ou pain de tabac dans toute sa hauteur, établissant ainsi une division entre la partie qui est restée en dedans, et la petite section qui est en saillie.

Le peigne cardeur descend ensuite et traverse aussi la masse, ou pain de tabac, en introduisant ses dents, de haut en bas, et un peu obliquement, par-devant et entre les dents du peigne diviseur, et en laissant toujours en avant la petite section de la masse ou pain qui est en saillie.

Ce peigne cardeur fait immédiatement un mouvement en arrière à partir de la masse ou pain de tabac, et détachant ainsi la partie divisée par le peigne diviseur, la traîne jusqu'à un plateau horizontal à bascule.

Faisant face à ce plateau se trouve un peigne nettoyeur fixe dont les dents d'acier placées horizontalement s'engagent par en haut en formant des angles droits avec celles du peigne cardeur, au moment où celui-ci entraîne le tabac vers le plateau à bascule.

Pendant que le peigne cardeur opère son mouvement vers le plateau à bascule, le peigne diviseur remonte et l'appareil propulseur fait avancer de nouveau la masse ou le pain de tabac.

La petite grille horizontale métallique de la tablette supérieure du récipient conducteur du tabac, s'oppose à ce que les dents du peigne diviseur, en remontant, n'entraînent avec elles des particules de tabac.

Le peigne cardeur remonte après avoir opéré son mouvement vers le plateau à bascule, et les dents horizontales du peigne nettoyeur fixe retiennent, au passage, comme la petite grille horizontale métallique pour le peigne diviseur, tout filament de tabac qui tendrait à s'éloigner.

Quand le plateau horizontal à bascule a reçu une quantité de tabac égale à celle que doit renfermer une cigarette, il tourne et laisse choir son contenu.

Mais auparavant, un couteau disposé latéralement, dans le sens vertical, et dont le tranchant est dirigé vers le côté par où passe le tabac, traîné par le peigne cardeur, fait un quart de tour et opérant en guise de ciseaux contre le tranchant d'un autre couteau placé horizontalement avant le plateau à bascule, coupe les filaments de tabac qui ont pu rester sur le fil dudit couteau horizontal. De cette façon rien n'empêche la charge de tomber, qui se trouve sur le plateau à bascule et qu'aucun filament ne retient à la masse ou pain.

Ce plateau à bascule déverse sa charge dans un agglomérateur creusé en canal, aussi large dans le sens horizontal, que la cigarette est longue, ouvert longitudinalement, dont le couvercle, creusé aussi en canal et levé au moment où tombe le tabac, fait un quart de tour et ferme l'agglomérateur, laissant ainsi renfermé la charge de tabac pour une cigarette.

La partie extrême intérieure de l'agglomérateur est concave et représente la moitié de la circonférence de la cigarette.

A la partie inférieure de l'agglomérateur se trouve un piston aussi large, horizontalement, que la cigarette est longue : son extrémité est concave aussi et représente l'autre moitié de la circonférence de la cigarette.

Le piston-coulisse, en poussant le tabac, qui se trouve enfin aggloméré dans le moule cylindrique en quoi s'est transformé l'agglomérateur par suite de la juxtaposition de la partie concave du piston avec la partie concave interne dudit agglomérateur.

Lorsque ces deux parties concaves se juxtaposent, elles laissent ouverte dans le moule une rainure longitudinale, par où passe, à son temps, la tranche droite du feuillet de papier.

Avant que le piston ne coulisse en poussant le tabac, une pince tournante et refoulante, en acier trempé, entre horizontalement dans la partie supérieure concave de l'agglomérateur et s'arrête toute ouverte devant la place où se pratiquera la rainure quand le moule se sera formé, et par où doit apparaître le feuillet.

Quand la tranche droite de ce dernier pénètre par la rainure, la pince se ferme après avoir saisi cette tranche et tournant tout autour de l'intérieur du moule, force le feuillet à y entrer complètement, à s'interposer entre les parois du moule et le tabac aggloméré, qui reste ainsi enveloppé de papier, et fait que celui-ci se colle dans sa longueur, le feuillet ayant été imprégné à l'avance par l'appareil colleur, de la matière adhésive qui s'est fixée en mince filet sur la partie inférieure du bord gauche, au moment de son passage sur l'appareil indiqué.

Cette opération terminée, la pince avance encore plus, s'ouvre et sa partie refoulante chasse la cigarette du moule, où ladite pince rentre ouverte pour attendre un nouveau feuillet.

La cigarette pénètre alors dans un tuyau polisseur en caoutchouc, embouti sur un tube métallique à bouche conique qui le maintient dans la position horizontale. Elle passe, par ce tuyau en caoutchouc avec une légère pression circulaire élastique, qui non-seulement achève l'adhérence du bord collé du papier, mais encore polit le cylindre extérieur de la cigarette même en le débarrassant de toute bosse qu'il pourrait avoir à la sortie du moule.

Enfin, la cigarette séjourne dans le tuyau polisseur en caoutchouc pour se sécher du collage, jusqu'à ce qu'une seconde ou troisième cigarette vienne la pousser et la faire tomber en occupant successivement sa place.

Les organes et les moyens qui viennent d'être décrits peuvent encore être modifiés en partie comme suit :

On adapte à l'ouverture par où le tabac sort de l'appareil conducteur, un tuyau conique en caoutchouc ou toute autre matière compressible, de la longueur d'une cigarette et monté sur une tige fixé latéralement à l'intérieur dudit tuyau. Celui-ci se termine par un canon fixe en bronze de la longueur de la cigarette et maintenu horizontalement par la prolongation de la tige sur laquelle est monté le tuyau conique compressible.

A l'intérieur du canon en bronze passe un noyau ou cylindre métallique, dont le diamètre intérieur est de la grosseur de la cigarette, lequel porte une cloison contournée autour, en forme d'hélice, qui dépasse jusqu'à la moitié du tuyau conique compressible et dont l'inclinaison peut varier de 45 à 60 degrés.

Le noyau ou cylindre métallique est de la même longueur que le canon en bronze, et le tuyau conique compressible porte un large anneau mobile compresseur un peu conique qui glisse sur la tige à laquelle est adaptée ledit tuyau conique compressible.

Une aiguille cylindrique en acier pénètre horizontalement avec un mouvement de rotation, par le centre de la bouche du canon en bronze et traverse en guise d'axe, dans toute son étendue, la cloison contournée du noyau ou cylindre métallique.

La circonférence de l'extrémité extérieure de celui-ci porte un disque denté et découpé centralement à jour, qui fait tourner la cloison contournée en s'engrenant avec une roue dentée ou avec une planchette horizontale ou verticale à coulisse et à crémaillère.

La marche du propulseur de l'appareil conducteur du tabac est réglée de manière à pousser dans l'intérieur du tuyau conique compressif à chaque fois qu'une cigarette est faite, une quantité de tabac égale à celle qui est nécessaire pour remplir une cigarette.

L'anneau mobile compresseur agit alors pour serrer circulairement le tabac dans le tuyau conique compressif et quand la roue dentée ou la planchette à crémaillère fait tourner la cloison contournée dans le noyau ou cylindre métallique du canon en bronze, le tabac est pris par l'extrémité saillante de ladite cloison contournée ou hélice, monte ensuite à l'intérieur du noyau en s'enroulant en spirale dans l'aiguille centrale mobile et sort enchevêtré et bouclé par la bouche du canon en bronze en continuant à s'enrouler dans la prolongation extérieure de l'aiguille indiquée.

Aussitôt que la cloison contournée du noyau ou cylindre métallique a cessé de tourner pour emmener le tabac au dehors, l'aiguille centrale mobile se retire avec un mouvement de rotation pour ne pas entraîner des filaments de tabac. Elle abandonne ainsi le centre de la cloison contournée et la boucle de tabac enchevêtré qui est sorti du canon, dont la quantité représente la charge pour une cigarette.

Des ciseaux placés horizontalement tranchent alors cette boucle de tabac au ras de la surface plate du disque denté qui dépasse la bouche du canon, et tombe sur un plateau à bascule, qui le déverse dans l'agglomérateur déjà décrit, ou dans tout autre appareil combiné pour la fabrication de la cigarette.

On peut aussi employer le système suivant pour diviser et doser le tabac.

Une toile ou une chaîne sans fin et roulante munie de crochets, dents, épingles, tiges, disques, ou tout autre accroche ou saillie, ou même godet, passe en contact avec la masse de tabac, qui est déposée avec une pression mécanique constante et égale dans le récipient d'un appareil conducteur de cette matière, et soit en la râclant, ou soit en la cardant, la brossant, la désagrégeant ou l'entraînant d'une manière quelconque, ladite toile ou chaîne sans fin (qui peuvent être remplacés par un organe à mouvement de va-et-vient, muni d'accroches ou saillies comme ci-dessus, ou par une tête de chardon, brosse, balai autre o bjet analogue à ceux-ci) entraîne le tabac au dehors du récipient et dans les quantités voulues.

Ce même résultat peut être obtenu en moyenne aiguille ou poinçon à accroches ou saillies fixes ou mobiles, ou par une hélice pointue ou un tire-bouchon droit ou en spirale, qui s'enfoncent en roulant dans la masse de tabac, disposée avec une pression constante, et qui en ressortent entraînant une partie de cette matière. La pression constante est réglée de manière à ce que le vide fait dans la masse de tabac par l'aiguille, le poinçon, l'hélice ou le tire-bouchon, est rempli immédiatement, à chaque fois qu'il se produit.

Rien ne s'oppose à ce que cette machine horizontale fasse le même genre de cigarettes que la verticale, c'est-à-dire des cigarettes du module havanais; pour cela, il suffirait de supprimer l'appareil colleur, employer le papier coupé par feuillets, la pompe pneumatique, la planchette aspirante et le friseur, et adapter les plieurs des bouts des cigarettes à l'un des arbres horizontaux.

On peut, de même, facilement l'appliquer à la fabrication des cigarettes du module dit Russe (papyros) à bouquin, surtout s'il s'agit de l'emploi du nouveau bouquin végétal breveté. La machine pourra ajuster au papyros le bouquin en question, qu'il soit de forme cylindrique ou elliptique; au moyen d'un appareil-pose bouquins très-simple, qui fera avancer par intermittences une baguette végétale passée à la filière, et la sciera au ras du tuyau de papier après y avoir introduit le morceau qui formera bouquin, et qui entrera en même temps que le tabac, mais par le bout opposé, et jusqu'à la rencontre des deux corps dans le tuyau de papier.

Les dimensions de cette machine, non compris le socle, sont de 70 centimètres de hauteur sur 50 de large et de 1ᵐ 20 de longueur. Elle pèse approximativement autant que la verticale.

Les organes sont montés sur une plate-forme rectangulaire en fonte, et ressemblent, plus ou moins, à ceux de la machine verticale, à cette différence près qu'ils se trouvent dans la position horizontale, que les colonnes tournées et la plate-forme circulaire sont supprimées, qu'il n'y a plus ni entretoises, ni pompe pneumatique, ni distributeur de tabac, etc., etc.; tout cela ayant été remplacé par les organes plus simples qui ont été décrits.

Le type de la machine horizontale qu'on a construit jusqu'alors produit des cigarettes à peu près égales, comme dimensions et contenance de tabac, à celles que donne la machine verticale, mais avec cet avantage que les feuillets de papier ne mesurent que 70 millimètres de longueur sur 24 de largeur, de sorte que le feuillet ne recouvre le cylindre de la cigarette qu'une fois et un septième, et permet ainsi une économie des plus importantes quand il s'agit d'une grande fabrication. Cette économie est due à ce double motif que les bouts des cigarettes ne sont pas pliés, et qu'elles sont elles-mêmes collées dans le sens de la longueur, sur un millimètre de largeur.

De même que pour la machine verticale, rien ne s'oppose à ce qu'on construise les organes de l'horizontale, de manière à pouvoir fabriquer des cigarettes de toute autre dimension que celle qui vient d'être spécifiée.

Notes communes aux Deux Machines

La verticale, aussi bien que l'horizontale, fonctionnent sans bruit, avec précision et régularité. Les mouvements en sont adroitement articulés et ils reçoivent une impulsion bien franche d'engrenages, d'excentriques, de leviers, de galets, de guidons, de freins, de disques, d'arbres et de bielles : le tout bien construit, habilement combiné, et fonctionnant exactement et lestement.

Quant à la solidité, il suffira de dire que les pièces mêmes les plus délicates en ont tellement, qu'elles peuvent résister, sans se détériorer et sans usure, au travail journalier le plus prolongé.

Les matériaux sont la fonte, le fer malléable et le fer doux, l'acier, le cuivre et le bronze, à l'exclusion de tout autre, si ce n'est un petit tuyau de caoutchouc vulcanisé.

L'aspect des deux machines est aussi flatteur que peut l'être l'appareil le plus joli quelconque, mécanico-industriel de quelque genre que ce soit : quant au coup d'œil agréable que donne aux cigarettes qu'elles produisent, la marque en relief, leur netteté, leur uniformité et leur fini incomparable, on peut affirmer que jamais la main de l'homme n'est arrivée ni n'arrivera jamais à en fabriquer de semblables. Pour les cigarettes du module havanais ou espagnol, par exemple, dont le papier, comme on sait, n'est pas collé, mais simplement roulé, la tranche extérieure du feuillet adhère tellement et est si bien coquillé le long du cylindre, qu'il est difficile de découvrir cette tranche. Quant aux têtes de ces cigarettes, leur forme ne diffère pas de celles qu'on fait communément, et bien qu'il suffise d'un coup d'ongle pour les ouvrir, elles sont assez solides pour ne se défaire qu'autant qu'on leur donne exprès ce coup d'ongle : ce qui n'empêche pas les deux machines de pouvoir faire aux extrémités de leurs cigarettes respectives des plis, ou têtes, de la forme et de la manière que l'on désire.

La position qu'occupent dans la cigarette les parties de tabac, à raison de la forme entrelacée et longitudinale que leur a donnée le comprimeur en les roulant, permet de les fumer sans les dérouler auparavant pour détendre le tabac et l'égaliser. Cette distribution et cette cohésion parfaite sont aussi une raison pour qu'en fumant la cigarette, il ne s'en détache pas des parcelles en combustion, de celles qui brûlent les effets, comme il arrive quand on fait usage de cigarettes dont le tabac en morceaux a été introduit par secousses, ou qui ont été chargées à coups de baguettes et dont le tabac se dispose par disques sans adhérence entre eux, qui, en brûlant, prennent la forme semi-circulaire et finissent par tomber avant d'achever leur combustion.

On peut, sans le voir, se figurer l'harmonie que présente à l'intérieur de la cigarette le petit faisceau de filaments de tabac produits par la coupe diagonale du couteau vertical de l'appareil à hacher des deux machines, quand on y emploie le tabac en feuilles, en rognures ou en morceaux, en le comparant à un petit faisceau des barbes d'un épi de maïs qu'on aurait disposées parallèlement et roulées dans le sens de la longueur, dans un cylindre en papier.

La forme du tabac coupé en filaments fins et qui sont généralement tous de la même longueur que la cigarette, et leur disposition parallèle dans le sens longitudinal à l'intérieur de la cigarette, constituent une innovation très-importante dans la fabrication, parce qu'il est indubitable que des cigarettes confectionnées de cette façon sont appelées à être universellement préférées à celles qui contiennent du tabac broyé en fragments plus ou moins rectangulaires, ou triangulaires, ou informes, comme le sont, par exemple, ceux qu'on obtient en broyant la feuille sèche entre les mains, ou en les coupant mécaniquement de façon à produire ce même résultat. A ce propos, il nous semble qu'une simple indication suffira à faire comprendre de suite qu'il y a une grande économie dans les frais de fabrication de la cigarette, dans ce seul fait qu'on évite les frais de local, le temps perdu, le montant de la main-d'œuvre et le déchet sur le poids du tabac que jusqu'à présent on a dû supporter, par suite de la nécessité où l'on s'est trouvé de le broyer ou de le hacher par une opération indépendante de la fabrication de la cigarette.

Quant au papier à cigarettes, les deux machines permettent d'en employer de toutes sortes et de toutes qualités, depuis le plus gros, appelé *Florete* jusqu'au plus fin, dit *papier pelure d'oignon*. Les modifications à faire, dans ce but, aux organes mécaniques sont de peu d'importance.

Le nombre de cigarettes défectueuses qui résultent d'une fabrication prolongée par les machines, dont on vient de décrire le fonctionnement, est insignifiant, puisque même en forçant beaucoup la préparation, il faut se borner au chiffre restreint de cinq pour cent : on n'y comprend pas naturellement les déchets de tabac, parce que, évidemment, on pourra faire servir à nouveau le contenu des rares cigarettes qui présenteraient quelque imperfection.

C'est ici le cas de dire que le génie et la science mécaniques pourront combiner d'autres machines à fabriquer des cigarettes, mais ce qui ne sera pas possible, c'est que ces nouveaux appareils, si tant est qu'on les réalise pratiquement, donnent des produits plus parfaits que ceux des deux machines dont il est question ici. Tout effort dans cette voie sera complètement inutile, parce que quand on est arrivé à la perfection dans un produit de l'art, il n'est pas possible d'aller plus loin.

Les appareils accessoires des machines de ce système sont au nombre de quatre, savoir : Un moule-presse; un lamineur-hacheur, un couteau scarificateur et un soufflet à main ou mécanique. Les trois premiers sont d'une forme entièrement nouvelle où se trouvent combinés les besoins de la fabrication avec la rapidité et l'économie de l'exécution.

En dehors de la fabrication des cigarettes on peut appliquer ces machines, avec une immense économie de temps et de frais de main-d'œuvre, à l'empaquetage de toutes sortes de substances solides désagrégées, comprimées ou non, et par portions égales, en cartouches de papier uniformes, cylindriques, carrées et rectangulaires ; par exemple du tabac à priser, du tabac broyé, du tabac haché, de la poudre et du plomb de chasse et de guerre, enfin des poudres et des grains de toute nature. Il suffira pour leur donner cette importante application industrielle d'apporter quelques modifications de peu d'importance à leurs organes, et de faire varier leurs dimensions suivant les matières dont il faudra faire l'empaquetage.

COMTE DE SUSINI-RUISECO

INDUSTRIES SPÉCIALES

APPAREIL POUR LA PRODUCTION DE LA GLACE ET DU FROID

par M. Ch. Tellier, 99, route de Versailles à Auteuil-Paris.

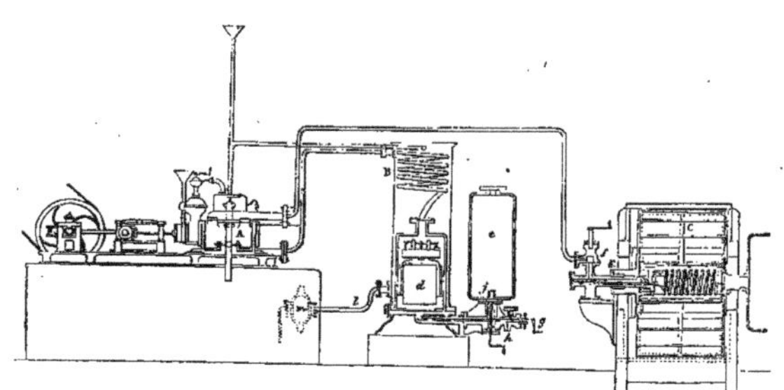

Tout le monde sait aujourd'hui que le froid et la glace, sont non-seulement des nécessités de beaucoup de fabrications et d'industries, mais encore des besoins de la vie ; les brasseries, les usines de produits chimiques, les distilleries, les industries qui ont pour base les fermentations ou les conserves, les cristallisations de sels, les refroidissements de liquides, etc., ont le plus grand besoin de températures basses, et dès lors, ont intérêt à se procurer des appareils donnant du froid et des liquides rafraîchissants. C'est donc un véritable service que vient de leur rendre M. Ch. Tellier, en créant un appareil aussi simple que commode, et aussi peu coûteux que parfait dont nous donnons un croquis dans la figure ci-contre.

Cet appareil a pour principe que tout liquide qui se vaporise enlève aux corps voisins, par l'état latent, une quantité de chaleur considérable. En se servant, par conséquent, d'un produit très-volatil (l'éther méthylique). M. Ch. Tellier engendre un froid d'autant plus régulier et plus soutenu que la chaleur de vaporisation est plus rapide, et se fait à la température ordinaire. Cet appareil fonctionne régulièrement et économiquement ; on peut le voir marcher à l'usine frigorifique d'Auteuil, où il fabrique continuellement de la glace et des carafes frappées, que l'on consomme dans la plupart des cafés de Paris.

Pour apprécier davantage les qualités de cet appareil, nous en donnerons une description succincte. Les parties principales de la machine sont : 1° un congélateur C ; 2° un condenseur B ; 3° une pompe A.

Le congélateur C est rempli d'éther méthylique liquéfié, cette substance se met en vapeur à des températures bien au-dessous de zéro (il bout à 28 ou 39 degrés de froid) : ce calorique, c'est d'abord le congélateur lui-même qui le donne, puis, ensuite l'eau que l'on y introduit, et qui dès lors se gèle contre ses parois. Si l'éther était sans valeur, et facilement productible, il n'y aurait qu'à le laisser échapper en vapeur dans l'atmosphère, mais comme il en est autrement, il faut le recueillir précieusement, sous peine de rendre dispendieuse l'opération. C'est à ce résultat que servent la pompe A et le condenseur B,

comme il est facile de le vo[ir à] l'inspection de la figure, le [con]gélateur C est relié par un [... à] la pompe A. Les vapeurs d[e l'éther] arrivent donc directement [à la] pompe. Celle-ci est actionn[ée par] un moteur quelconque. C[omme] cette pompe est foulante [et] comprime dans le serpen[tin du] condenseur B, les vapeu[rs] viennent la remplir. Ce ser[pentin] est entouré d'eau froide, q[u'une] autre pompe m, mue par l['appa]reil, injecte constamment à [l'aide] du tuyau l. Sous l'influen[ce de] la compression produite p[ar la] pompe A, d'une part, du r[efroi]dissement par l'injection [cons]tante du courant d'eau [froide] qu'envoie la pompe m, la [liqué]faction se produit, et il arrive [à l'éth]er qui entoure le flotteur d. Ce[t éther s'éch]appe à l'état liquide pour re[tour]ner au congélateur. Le réservoir e est une s[imple] bouteille d'éther, qu'on enlève et remet à vo[lonté] quand on veut ajouter ou retirer de l'éther. [La] manœuvre est facilitée par une soupape j, et [des] robinets g h.

Comme on le voit donc, il n'y a là qu'une va[pori]sation et une condensation de l'éther méthyl[ique,] c'est-à-dire une opération purement mécanique [dont] la valeur de production ne coûte que le moteur [em]prunté à une force souvent perdue, mais ains[i se] trouve résolu le problème de la fabrication du [froid] et de la glace à bon marché.

OUTILLAGE GÉNÉRAL DES PETITES INDUSTRIES

FOURNEAU A GAZ POUR FUSION DE MÉTAUX

par MM. Perrot (de Genève) et Wiesnegg, place de la Sorbonne, à Paris.

Les inventeurs avaient présenté il y a quelques années à la Société d'Encouragement un petit appareil qui permet, dans un laboratoire de chimie ou dans un petit atelier quelconque de l'industrie, d'opérer la fusion du cuivre, de l'argent, de l'or, etc., et par conséquent tous les alliages de ces métaux. Mais le prix de ce fourneau était élevé, son emploi exigeait une étude et une attention particulières, aussi ne se répandait-il pas facilement dans les petites industries où il était destiné et où cependant il aurait rendu de grands services. M. Wiesnegg, connu par de nombreux perfectionnements dans ce genre d'appareils, a modifié le premier instrument qui était dû alors à M. Perrot, en réduisant ses dimensions et en lui donnant plusieurs qualités, qu'il n'avait pas primitivement, sous le rapport de la solidité, de l'économie du gaz à brûler et de la simplicité. Le réglage de l'air qui se mélange avec le gaz, avant la combustion, est devenu plus simple : pour le gaz un robinet ordinaire suffit ; pour l'air une valve unique, placée sous l'appareil, est manœuvrée par le mouvement de la main à l'aide d'une tige, comme on peut le voir dans notre dessin ci-contre. S'il arrive un accident à la fusion, le métal échappé du creuset ne tombe pas sur les organes délicats du réglage de l'air, mais il est retenu dans une cavité métallique très-résistante d'où il est facile de le recueillir sans perte. Pour le chauffage, le gaz passe d'abord dans un réservoir horizontal qu'il traverse en aspirant l'air atmosphérique par 3 orifices, et leur ouverture est réglée à volonté par une petite plaque tournante. De là, le

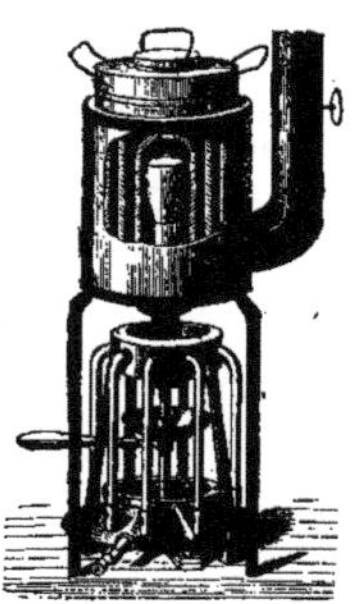

gaz est conduit sous le creuset, par 6 tubes partant du réservoir, dirigés non pas sur le centre de l'appareil, mais d'une manière excentrique pour donner à la flamme un mouvement rotatoire autour du creuset, qui est alors léché par elle dans toutes ses parties. La flamme du brûleur, au lieu de frapper verticalement le creuset, prend ainsi par une direction oblique des brûleurs, un mouvement de rotation h[éli]coïdale qui complète le mélange de l'air et du ga[z et] produit par conséquent, une élévation notable [de] température. L'appareil de combustion se termine [par] un dôme qui surmonte le creuset, et les gaz d[e la] combustion, avant de se rendre dans la chemi[née,] circulent entre l'enveloppe intérieure, qui est [en] terre réfractaire, et l'enveloppe extérieure. En[fin] la manipulation du creuset avant et après l'o[pé]ration, pour l'entrée ou la sortie, est très-comm[ode] au moyen d'un couvercle qui surmonte l'appa[reil.] Nous n'insisterons pas davantage sur les détails [de] cet instrument, car notre dessin donne suffisam[ment l'explication de sa construction, et dès lors [de] sa manipulation ; nous dirons seulement que be[au]coup de laboratoires de chimie, et qu'un gr[and] nombre d'ateliers de bijouterie, d'orfévrerie, etc., [ont] adopté aujourd'hui ce fourneau pour les différen[tes] opérations de leur industrie et qu'ils en trouv[ent] les meilleurs résultats. Aussi n'hésitons-nous pa[s] en recommander l'emploi pour toutes les branches [de] métiers qui ont des besoins analogues, car cet a[p]pareil peut leur rendre de très-grands services. P[ar]tout où il y a le gaz, ce fourneau est très-commo[de,] très-pratique, très-propre, et donne les plus hau[tes] températures qu'on puisse désirer : nous l'avons [vu] fonctionner très-régulièrement et donnant toujo[urs] des résultats identiques et désirables : on peut fon[dre] environ 500 grammes de métal. Cet appareil coû[te] 70 francs, n'exige aucuns soins particuliers, ni répa[]rations spéciales.

GUIDE LYONNAIS A L'EXPOSITION DE LYON

SPÉCIMEN DES GRAVURES

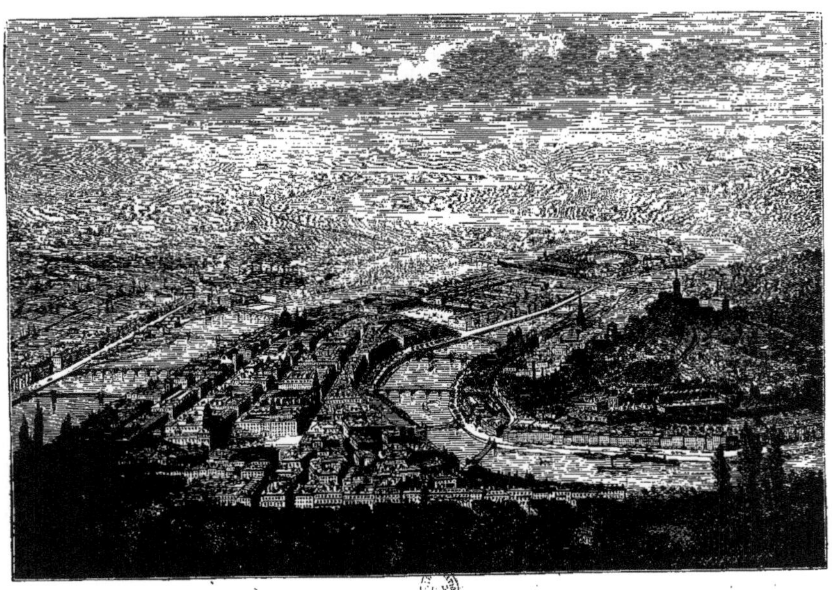

Vue générale à vol d'oiseau de la ville de Lyon

EN VENTE CHEZ TOUS LES LIBRAIRES ET A L'ADMINISTRATION DU **BULLETIN OFFICIEL DE L'EXPOSITION**

Charmant volume orné de splendides gravures, contenant tous les renseignements indispensables au touriste, histoire, anecdotes, statistiques, omenclature des rues, quais, places avec tenants et aboutissants; la liste des œuvres d'art des Musées Lyonnais; description du Parc et du Palais e l'Exposition, avec une vue d'ensemble, etc., etc., etc.

Prix broché: 1 franc 50 centimes.

Gravure extraite du *Livre d'Or des Industriels et des Exposants*

Une feuille grand format, sur beau papier, de 84 centimètres de large sur 63 centimètres de hauteur

Publiée par l'Administration concessionnaire du *Catalogue officiel de l'Exposition*, du *Catalogue officiel des Récompenses*, du *Bulletin officiel de l'Exposition*, du *Livre d'Or des Industriels et des Exposants*, etc., etc., etc.

SE VEND : dans les Bureaux de l'Administration : **90, Boulevard Montparnasse, Paris**, chez tous les Libraires et Marchands de journaux

EN VENTE CHEZ LES LIBRAIRES ET CORRESPONDANTS

Vue d'ensemble du Parc et de l'Exposition

LE BULLETIN OFFICIEL DE L'EXPOSITION — Recueil des Actes de l'Administration. — Parait hebdomadairement : **16 fr.**

LE LIVRE D'OR DES INDUSTRIELS & DES EXPOSANTS. — Paraissant par Livraisons. — Abonnement : **45 fr.** — Le Numéro : **1 fr.**

PRIX : 25 CENTIMES

Paris. — Imp. A.-E. Rochette, 90, boulevard Montparnasse.

Le Directeur-Gérant : A.-E. Rochette

IMPRIMÉ
par
A.-E. ROCHETTE
PARIS
Bᵈ Montparnasse
90

9 782016 163528